강원도 편

풍수 유적 답사기

감여(堪輿)의 비밀을 찾아서

강원도 편

풍수 유적 답사기

감여(堪輿)의 비밀을 찾아서

청어람 M&B

'세월은 쉬지 않고 흘러간다.'는 말의 깊은 뜻을 예전에는 느끼지 못했는데 이제 뒤돌아보니 그 말이 맞다는 생각이 든다. 나이, 직업, 사는 곳까지 모두 다른 사람들이 풍수라는 인연으로 '정석풍수연구학회'라는 모임을 만들고, 그저 풍수가 좋고 재미있어서 매주 현장 답사를 다닌지 십 년이 훌쩍 지났다.

서로가 바빠서 형제들도 매주 만나는 경우가 드문데 우리 회원들은 매주 꼬박꼬박 만나서 눈보라와 강추위, 그리고 폭풍우가 와도 굴하지 않고

정석풍수연구학회 회원들

김영철   김은희   김종대

답사를 하면서 풍수 실력을 갈고 닦았다.

예전에는 답사지를 찾는 것도 지금보다 훨씬 어려웠다. 풍수계에 알려진 유명한 장소는 그나마 쉽게 찾아갈 수 있었지만 그렇지 않은 곳은 어렵게 답사지를 찾고 주소를 알아내도 항공 사진이나 위성 사진이 제공되는 때도 아니었기 때문이다. 그래서 종이책으로 된 지도를 펼쳐 들고 이 산 저 산 오르내리기를 마다하지 않았어야 했다.

알려지지 않아 어렵사리 찾아간 장소가 풍수적으로 멋진 곳이었을 때 문득 우리의 발자취를 남긴다면 우리만의 기억이 아닌 다른 이들의 답사에 도움을 줄 수 있겠다는 생각이 들었다.

2017년 초 우리는 '전국의 풍수 유적지를 쉽게 찾아갈 수 있는 길 안내책'을 만들기로 의견을 모았다. 거리상으로도 적당하고 풍수 유적지가 많지 않을 것이라 쉽게 생각하고 강원도 편을 먼저 만들기로 했다. 강원도 편은 1년 정도 걸릴 것이라고 계획하고 첫발을 내딛었는데 생각보다는 유적지가 많아서 해를 두 번이나 넘기게 되었다.

또 한 가지 예상하지 못한 난관도 만났다. 책을 만드는 주 목적이 가장 쉽게 현장을 찾아가게 해 주는 것이어서 구글 위성 사진과 드론 사진을 넣어 쉽게 장소를 찾고 주변 지형을 보면서 풍수를 분석하는 데 도움을 주려고 했다. 그런데 저작권 문제와 항공 촬영 허가 문제로 부득이하게 포기하고 다시 국토교통부의 V월드를 사용하는 승낙을 얻고 재작업을 하느라 시

서경석   유래규   윤희원   이종목   이중희   장현성

간이 지체되었다.

　이 책은 길 안내라는 본래의 취지를 살리기 위해 인물 개요나 풍수 요점은 간단하게 핵심만 정리하였다. 또 각 답사지의 소재지 주소와 함께 내비게이션으로 가장 가깝게 접근할 수 있는 주소를 정리하였다. 그리고 인물이나 건물의 개요 등도 인터넷 검색으로 얻을 수 있는 정보들은 가급적 빼고 간소화하였으며 풍수적인 사항도 현장에서 분석할 때 꼭 참고할 사항만을 표시하였다.

　이 책에 소개한 유적지들은 풍수를 중요하게 생각했던 조선 시대까지

정벽화　　　정재안　　　조남선　　　조연환　　　조찬래　　　최기자

터가 정해진 곳들을 원칙적인 대상으로 하였고 근대와 현대에 조성하거나 이장 또는 이전을 한 곳은 특별한 경우에만 포함하였다.

그런 기준에 부합하는 곳을 가급적 빠짐없이 소개하기 위해 많은 자료를 구하고 현장을 찾아가려고 노력했다. 그러나 분명히 누락된 곳이 있을 것이라는 아쉬움이 남은 채 강원도 편을 마무리하였다.

책을 준비하기 위해 현장을 찾아다니면서 우리의 소중한 문화재인 묘들이 사라지는 안타까운 현장을 많이 접했다. 건축물들은 문화재로 인식해서 대체로 잘 보존되고 있으나 묘는 문화재로 지정된 경우를 제외하고는 많이 사라졌음을 확인할 수 있었다. 시대적으로 화장이 유행이기는 하지만 묘는 한 번 훼손하면 복구가 어려우니 오래된 조상의 묘를 관리하기 힘들다는 이유만으로 없애 버리는 것은 문화재를 관리하는 측면에서도 심사숙고하여야 할 것이다.

이 책을 마무리하니 일단은 가슴이 뭉클해진다. 그런데 강원도 편의 마무리가 끝이 아니다. 이제 또 다른 시작이어서 어깨가 더 무거워진다. 전국을 전부 마치려면 앞으로도 10년 이상 걸릴 것인데 이 작업이 모두 끝날 때까지 정석풍수연구학회 회원들이 한 사람도 빠짐없이 함께하기를 간절히 기원해 본다.

2019년 봄,
정석풍수연구학회 대표 저자 **조남선**

최현화　　하태현　　한상국　　한상화　　한승구　　황용선

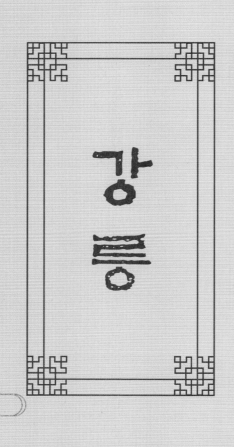

풍수(風水)는 샤머니즘이나 토테미즘처럼 무언가를 숭배하는 것이 아니므로 종교도, 사상도, 철학도 아니다. 풍수는 자연환경 중에서 특히 땅의 성질(기운)을 기준으로 분석한다. 따라서 풍수는 자연과 인간이 조화를 이루어 평안하게 생활할 터를 선택하려는 환경선택학술이다.

최경영 묘

소재 주소 : 강원도 강릉시 연곡면 퇴곡리 산5-1

내비 주소 : 강원도 강릉시 연곡면 퇴곡리 124

인물 개요 : 본관은 강릉이고, 행정파 21세손 최경영을 기준으로 아버지
홍준(弘濬)-조부 서웅(瑞熊)-증조 팔주(八柱)-고조 수형(壽衡)으
로 이어지는 가계이다.

풍수 요점 : 자좌 오향.

입구에서 조금 올라가면 납골당이 나오는데 더 올라가면 사방
이 훤히 보이는 꼭대기 근처에 묘가 있다. 장풍이 되는지 살펴
봐야 하고, 과협처에서 나타나는 묘 양옆에 있는 물길이 중요
한 참고 사항이다.

❖ 강시화·강희중 묘

소재 주소 : 강원도 강릉시 연곡면 방내리 산185-1

내비 주소 : 강원도 강릉시 연곡면 방내리 306

인물 개요 : 본관은 진주이고, 증자헌대부한성부판윤 강시화를 기준으로
아버지 제로(蹄魯)-조부 재황(載璜)-증조 채경(釆慶)-고조 윤
(潤)으로 이어지는 가계이다.

풍수 요점 : 자좌 오향.

동네 입구에서 눈에 띄는 묘는 강희중 묘이고, 강시화 묘는 방
내리 삼층석탑 쪽에 있다. 혈은 장풍이 되는 곳에 결지되는 것
이므로 두 묘의 장풍 여건을 비교해 봐야 한다.

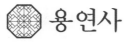 # 용연사

소재 주소 : 강원도 강릉시 사천면 사기막리 821

내비 주소 : 강원도 강릉시 사천면 사기막리 820-2

건물 개요 : 대한불교조계종 월정사의 말사로, 신라 선덕여왕(재위 : 632∼
647년) 때 자장(慈藏)이 창건했다는 설과 1650년 옥잠(玉岑)이
창건했다는 설이 있다. 대웅전 앞의 석탑이 강원도 문화재자
료 139호로 지정되었다.

풍수 요점 : 간좌 곤향.

주룡이 가운데 능선이 아닌 것으로 보이나 외청룡이 크게 감
싸 안아 주어 완벽한 보국이 만들어졌다. 다만 청룡의 높이를
감안하여 월견이 되지 않도록 풍수적 판단을 해야 한다. 또 관
음전이 있는 위쪽의 물길이 선방에 영향을 줄 듯하다.

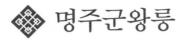 # 명주군왕릉

소재 주소 : 강원도 강릉시 성산면 보광리 산285

내비 주소 : 강원도 강릉시 성산면 보광리 680

인물 개요 : 신라 태종무열왕의 6대손 김주원(金周元)의 묘이다. 신라 37대
임금 선덕왕 사후 왕위 계승 다툼에서 패배했고 명주군왕(溟州
郡王)으로 봉해졌다. 원래의 묘는 실전(失傳)되었고 현재의 명
주군왕릉은 조선 명종 때 후손 김첨경이 다시 복원한 것이다.
1971년 12월 16일 강원도기념물 제12호로 지정되었다.

풍수 요점 : 갑좌 경향.
현재 묘의 위치는 청룡은 튼실하고 안으로 감싸 안아 주지만
백호 쪽으로 큰 골이 있다는 것을 고려해야 한다. 묘가 있는
능선을 백호로 보고 다른 지점을 찾아보면 어떨까?

김수·김응호 묘

소재 주소 : 강원도 강릉시 성산면 보광리 산286

내비 주소 : 강원도 강릉시 성산면 보광리 622(주택 옆으로 올라감.)

인물 개요 : 본관은 강릉이고, 첨지중추부사 김응호 기준으로 아버지 수-
조부 광언-증조 세달-고조 윤신으로 이어지는 가계이다.

풍수 요점 : 자좌 오향.

아버지 수의 묘가 앞에 있고 뒤로 조금 더 올라가면 아들 응호
의 묘가 있는데 중간에 잘록한 과협이 있다. 외관상으로 응호
의 묘는 과룡처에 있는 것으로 보이지만 아래로 내려오면 수
구가 정면에 있어 장풍의 조건이 갖추어지지 않았음을 참고해
야 한다.

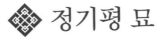 # 정기평 묘

소재 주소 : 강원도 강릉시 성산면 어흘리 산219-1

내비 주소 : 강원도 강릉시 성산면 어흘리 산219-2

인물 개요 : 본관은 초계이고, 품계는 종6품 선무랑이다. 아버지 양주목사 약(爚)-조부 팔계군 종영-증조 현감-고조 윤겸(允謙)으로 이어지는 가계이다.

풍수 요점 : 신좌 을향(비석에는 술좌 진향으로 기록됨).

외형으로 묘 뒤에 과협도 보이고 용진처인 것은 맞으나 바람의 요건을 감안하면 결혈이 쉽지 않다. 묘 마당에서 백호 쪽 옆으로 흐르는 골을 감안하여 풍수적 판단을 하면 도움이 될 것이다.

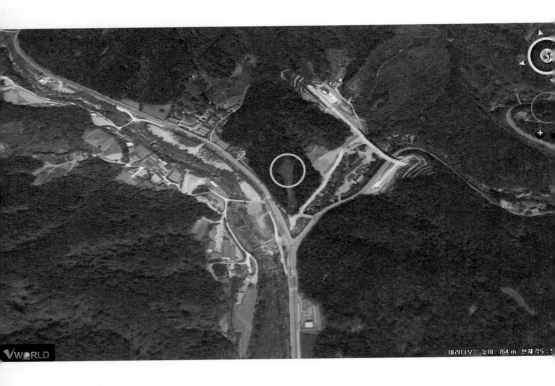

보현사

소재 주소 : 강원도 강릉시 성산면 보광리 1171

내비 주소 : 강원도 강릉시 성산면 보광리 1170

건물 개요 : 대한불교조계종 제4교구 본사 월정사(月精寺)의 말사이다. 신라 때 개청스님(낭원대사)이 창건했고, 절 경내에는 보물 제191호 보현사 낭원대사오진탑(朗圓大師悟眞塔)과 보물 제192호 낭원대사오진탑비가 있다.

풍수 요점 : 자좌 오향(대웅보전).

가람 뒤쪽의 능선 형태를 보면 단정하면서 급하지 않게 대웅전으로 내려오는 것을 볼 수 있다. 지장전과 삼성각 위의 청룡과 보현당 건물 위의 백호 역할을 할 능선도 있었음을 유추할 수 있다.

최인언·최세번·최안린·최수강 묘

소재 주소 : 강원도 강릉시 성산면 위촌리 산495

내비 주소 : 강원도 강릉시 성산면 위촌리 550

인물 개요 : 본관은 강릉이고, 통훈대부비인현감 최수강 기준으로 아버지
세번-조부 진현-증조 치운-고조 안린으로 이어지는 가계이다.
묘역은 위로부터 최인언(최세번의 손자, 수담의 아들), 최세번,
양성 이씨, 최안린, 최수강 순이다.

풍수 요점 : 신좌 인향.

묘역의 능선이 중간에서 안으로 꺾여 백호의 형상이다. 외청
룡이 돌아와 앞을 막아 주고 백호가 높이 자리 잡고 있어 측면
바람은 문제가 없으나 수구가 조금 열린 듯하다. 제절 아래로
올라가는 길과 청룡 쪽 제절 끝의 능선 흔적이 보이므로 깊이
있는 분석이 필요하다.

최대립·최계종·최인좌·최주명 묘

소재 주소 : 강원도 강릉시 성산면 위촌리 산23

내비 주소 : 강원도 강릉시 성산면 위촌리 516

인물 개요 : 본관은 강릉이고, 어매장군행훈련원관관 최인좌 기준으로 아
버지 수강-조부 세번-증조 진현-고조 치운으로 이어지는 가계
이다. 묘역은 위로부터 최계종(최인좌 손자), 최대립(최인좌 아
들), 최인좌 묘가 있다.

풍수 요점 : 갑좌 경향.

용을 보면 크게 흠을 잡을 것이 없지만 전체적인 틀을 보면 백
호의 길이가 너무 짧아서 우측면 바람에 그대로 노출되었다.
위쪽의 청룡 안으로 가면 좋은 보국을 갖춘 최주명 묘가 있다.

최수원·최인필·최구영·최귀영 묘

소재 주소 : 강원도 강릉시 성산면 위촌리 산24

내비 주소 : 강원도 강릉시 성산면 위촌리 산24(묘역까지 차량 진입 가능)

인물 개요 : 본관은 강릉이고, 통정대부증공조참의 최귀영을 기준으로 아버지 인필-조부 수원-증조 세번-고조 진현으로 이어지는 가계이다.

풍수 요점 : 묘좌 유향(최귀영 묘).

묘들이 각기 다른 위치에 다른 방향으로 자리 잡고 있는데 일부 묘는 지나치게 인작이 가해진 것으로 보인다. 최귀영의 묘가 와형의 틀이 아닌지 살펴봐야 한다.

최대홍·최충일 묘

소재 주소 : 강원도 강릉시 성산면 위촌리 산492

내비 주소 : 강원도 강릉시 성산면 위촌리 548

인물 개요 : 본관은 강릉이고, 가선대부동지중추부사 최충일 기준으로 아버지 대홍-조부 인언-증조 수담으로 이어지는 가계이다.

풍수 요점 : 술좌 진향(최대홍 묘), 건좌 손향(최충일 묘).

　　　　　 백호가 2차선 도로를 건너 안으로 굽으면서 멋진 보국을 만들어 장풍의 조건이 갖추어졌다. 청룡이나 백호의 높이를 감안하여 혈의 위치를 가늠해 볼 수 있다.

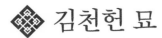

김천헌 묘

소재 주소 : 강원도 강릉시 성산면 금산리 산87-1

내비 주소 : 강원도 강릉시 성산면 금산리 620

인물 개요 : 본관은 강릉이고, 장사랑통천훈도 김천헌을 기준으로 아버지 경위-조부 열(設)-증조 광헌(光軒)-고조 반석(盤石)으로 이어지는 가계이다.

풍수 요점 : 해좌 사향.

보국이 매우 좋으나 묘역의 축대를 보면 경사가 심했음을 알 수 있고 상대적으로 높은 느낌이다. 묘 아래 밭 부근에 용호 흔적이 남아 있으므로 이것을 기초로 자연 지형과 혈처를 유추해야 한다.

최입지 묘

소재 주소 : 강원도 강릉시 성산면 금산리 산35

내비 주소 : 강원도 강릉시 성산면 금산리 465

인물 개요 : 본관은 강릉이고, 고려국수문하시랑평장사강릉군 최입지를
기준으로 아버지 릉(陵)-조부 군보(君甫)-증조 광유-고조 숙으
로 이어지는 가계이다.

풍수 요점 : 갑좌 경향.

백호가 크게 앞을 감싸 주어 둥근 보국이 만들어졌으므로 큰
틀에서 장풍의 조건은 갖추었다. 수구처의 높이와 방향 등을
고려하면 혈처를 찾을 수 있다.

◈ 최치운 묘

소재 주소 : 강원도 강릉시 대전동 산121

내비 주소 : 강원도 강릉시 대전동 693

인물 개요 : 본관은 강릉이고, 이조참판 최치운을 기준으로 아버지 안린-
조부 원량으로 이어지는 가계이다.

풍수 요점 : 경좌 갑향.
내룡은 기복과 위이를 하며 행도해서 좋아 보이지만 능선의
끝이 좌선을 하고 수구가 전면에 있음을 참고하여 판단해야
한다.

최진현 묘

소재 주소 : 강원도 강릉시 대전동 산108

내비 주소 : 강원도 강릉시 대전동 692-1

인물 개요 : 본관은 강릉이고, 성균생원 최진현을 기준으로 아버지 치운-
조부 안린-증조 원량으로 이어지는 가계이다. 위로부터 부인
묘, 최치운 묘, 증손 묘로 배치되어 있다.

풍수 요점 : 술좌 진향.
묘역이 있는 능선이 얼핏 보면 좌우 경사도가 균등하지 않은
편룡으로 보인다. 수구는 막힌 듯하나 청룡처럼 능선이 굽어
있고 뚜렷한 백호가 없는 점을 감안해서 분석해야 한다.

◈ 신명화 묘

소재 주소 : 강원도 강릉시 대전동 산120

내비 주소 : 강원도 강릉시 대전동 726

인물 개요 : 본관은 평산이고, 성균진사 신명화를 기준으로 아버지 숙권
(叔權)-조부 자승(自繩)-증조 개(槩)로 이어지는 가계이다. 율곡
선생의 외조부이며, 부인은 이사온의 딸 용인 이씨로 딸만 다
섯을 두었는데 둘째 딸이 이원수의 부인인 신사임당이다.

풍수 요점 : 신좌 을향.
묘역 앞이 많이 훼손된 상태이지만 정면에 있는 수구가 청룡
과 백호가 여러 겹으로 교차되어 보국 밖이 전혀 보이지 않으
므로 장풍에는 문제될 것이 없다.

최수성 묘

소재 주소 : 강원도 강릉시 대전동 산120

내비 주소 : 강원도 강릉시 대전동 726(북쪽 능선에 묘 있음.)

인물 개요 : 본관은 강릉이고, 증대광보국숭록대부의정부영의정 최수성을
기준으로 아버지 세효-조부 응현-증조 치원으로 이어지는 가
계이다.

풍수 요점 : 신좌 을향.
묘역의 문인석 앞이 잘록해지고 살짝 봉우리가 만들어진 다
음, 능선이 앞으로 갱진(更進)하여 과룡처인지 기룡혈인지 판
단해야 할 곳이다.

◈ 김자장·김곤·김자종·김지·김자흠 묘

소재 주소 : 강원도 강릉시 대전동 산16-1

내비 주소 : 강원도 강릉시 대전동 219

인물 개요 : 본관은 강릉이고, 강원도병마절도사행어매장군강원우후 김자장(金子鏘)을 기준으로 아버지 지(輊)-조부 탄(坦)-증조 후(珝)로 이어지는 가계이다.

풍수 요점 : 간좌 곤향(김자장 묘), 자좌 오향(김자종 묘), 자좌 오향(김지·김자흠 묘).

동쪽 첫 번째 능선-김곤 묘, 김자장 묘, 김준손 묘 등이 있다.

동쪽 세 번째 능선-김자종 묘. 수구가 정면에 있고 묘 뒤쪽에는 작은 앙와(仰瓦)가 있고 내룡의 등성이가 펑퍼짐하다.

동쪽 네번째 능선-김지·김자흠 묘. 내룡의 기복이 힘이 있어 생룡으로 보이나 중간에 계속해서 갈라진다.

최세창·최양홍 묘

소재 주소 : 강원도 강릉시 대전동 산15

내비 주소 : 강원도 강릉시 대전동 219(강릉 김씨 묘역에 둘러싸여 있음.)

인물 개요 : 본관은 강릉이고, 성균생원 최세창을 기준으로 아버지 진현
(進賢)-조부 치운(致雲)-증조 안린으로 이어지는 가계이다. 부
인 강릉 김씨가 김곤의 딸이다.

풍수 요점 : 계좌 정향.
보국 안에서 가장 짧은 능선이어서 정룡으로 보이나 수구가
정면에 있다. 묘 뒤쪽 산 전체가 앙와이다.

◈ 박태희 묘

소재 주소 : 강원도 강릉시 대전동 산128

내비 주소 : 강원도 강릉시 대전동 720

인물 개요 : 본관은 강릉이고, 학생 박태희를 기준으로 아버지 서린-조부
문홍-증조 천민(天民)으로 이어지는 가계이다.

풍수 요점 : 자좌 오향.

　　　　　　용신(龍身)의 청룡방에 개장 흔적이 보인다. 묘역에 가다 보면
약간 볼록하게 바위가 박혀 있는 것이 특징인데 기룡혈의 안
산으로 적합한지 관찰이 필요하다(수구 있는 방향에 용진처가 있
는 것이 위성 사진으로 확인됨. 아래는 아들 창주 묘).

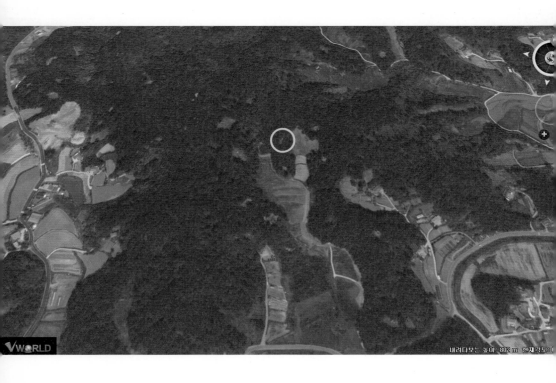

심맹은 묘

소재 주소 : 강원도 강릉시 저동 164-1

내비 주소 : 강원도 강릉시 저동 169-2

인물 개요 : 본관은 삼척이고, 무공랑창성유학교도 심맹은을 기준으로 아
버지 원달-조부 공무(公懋)-증조 동로(삼척 심씨 시조)로 이어지
는 가계이다. 심맹은의 큰아들이 심산보인데 무남독녀를 두었
고, 권윤의 아들인 권송에게 시집을 가서 강릉시 저동 155-1번
지에 권씨 묘역과 나란히 있게 되었다.

풍수 요점 : 축좌 미향.
맨 위 심맹은 묘는 과룡처이다. 내룡이 평퍼짐해 보이나 기복
흔적이 있으므로 생룡의 혈이 어디쯤 결지되었을지 예측해 볼
장소이다.

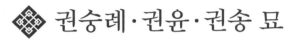 # 권숭례·권윤·권송 묘

소재 주소 : 강원도 강릉시 저동 155-1

내비 주소 : 강원도 강릉시 저동 160

인물 개요 : 본관은 안동이고, 무공랑선원전참봉 권송을 기준으로 아버지
윤(綸)-조부 숭례-중조 충-고조 희로 이어지는 가계이다.

풍수 요점 : 인좌 신향.

　　　　　　권송 묘는 앞에는 2단 석축이 있고 뒤에도 1단의 석축이 있으
므로 앞뒤의 석축 부분에서 자연 상태의 지형을 찾아야 한다.
또 높이가 장풍의 조건에 적합한지 분석해야 한다.

권적 묘

소재 주소 : 강원도 강릉시 저동 80

내비 주소 : 강원도 강릉시 저동 82-3

인물 개요 : 본관은 안동이고, 성균진사증통훈대부예빈시정 권적을 기준
으로 아버지 종(惊)-조부 심(深)-증조 의(義)-고조 시중(時中)으
로 이어지는 가계이다.

풍수 요점 : 신좌 을향.

수구가 관쇄되어 있지 않아 청룡 끝자락에 경포호가 보인다.
장풍에 대해 면밀한 분석이 필요하다. 묘 앞 능선 끝이 백호방
으로 돌아간 흔적이 있다.

❖ 박자검 묘

소재 주소 : 강원도 강릉시 저동 265

내비 주소 : 강원도 강릉시 저동 677-5

인물 개요 : 본관은 강릉이고, 통정대부지단천군사 박자검을 기준으로 아
버지 지계(之桂)-조부 령연(令演)-증조 종대(從台)-고조 종성(鍾
城)으로 이어지는 가계이다.

풍수 요점 : 신좌 을향.

용진처의 형상이고 청룡과 백호가 겹겹이 감싸 주는 모습이
다. 그러나 멀리 경포호가 보여 수구처가 관쇄되었다는 판단
이 서지 않으므로 장풍이 되는지 꼼꼼히 분석해 볼 터이다.

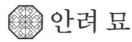 안려 묘

소재 주소 : 강원도 강릉시 저동 산29

내비 주소 : 강원도 강릉시 저동 671-3 주택과 671-4 밭 사이로 들어감.

인물 개요 : 본관은 순흥이고, 통정대부검호조참의 안려를 기준으로 아버지 세량(世良)-조부 명징(命徵)으로 이어지는 가계이다.

풍수 요점 : 계좌 정향.

자세히 보면 작은 기복과 위이를 하며 행도한 용이 살짝 비룡한 자리이다. 청룡과 백호의 길이가 충분하지 않으므로 장풍에 대해 세심한 분석이 필요하다.

🪷 선교장

소재 주소 : 강원도 강릉시 운정동 431

내비 주소 : 강원도 강릉시 운정동 472-18

건물 개요 : 효령대군 11대손 이내번이 1756년 지었으며, 9동의 건물이 있고 102칸(칸은 기둥과 기둥 사이를 말함)이다. 열화당에는 러시아식 테라스가 있다. 1967년 4월 18일 중요민속자료 제5호로 지정되었다.

풍수 요점 : 간좌 곤향(안채).

보국이 잘 갖추어져 있다. 입구의 활래정 오른쪽 청룡 둘레길로 올라가면 안채(주옥) 뒤쪽으로 내려오는 능선이 보인다. 생룡인 이 용맥이 어디쯤 혈을 결지했는지 주변 지형과 높이 등을 따져 봐야 한다.

박중신·박시형·박공건·박공달 묘

소재 주소 : 강원도 강릉시 운정동 산1

내비 주소 : 강원도 강릉시 운정동 400

인물 개요 : 본관은 강릉이고, 통정대부행안동부사홍문관교리승정원동부
승지예 문관직제학 박시형을 기준으로 아버지 중신-조부 자검
(自儉)-증조 지계(之桂)-고조 연(演)으로 이어지는 가계이다.

풍수 요점 : 임좌 병향(박중신 묘), 해좌 사향(박시형 묘).

맨 위에는 박정혁 묘가 있는데 거기에서 갈라진 동쪽 능선의
끝에는 박중신 묘, 서쪽 능선의 끝에는 박시형 묘, 그 중간에는
여러 묘들이 자리 잡고 있다. 이 묘역에서 장풍이 되는 지점을
찾아보는 것이 중요하다.

◈ 심언광 묘

소재 주소 : 강원도 강릉시 운정동 산7

내비 주소 : 강원도 강릉시 운정동 416-2

인물 개요 : 본관은 삼척이고, 자헌대부 이조판서 대제학 심언광을 기준으로 아버지 준(濬)-조부 문계(文桂)-증조 충보(忠甫)로 이어지는 가계이다.

풍수 요점 : 해좌 사향.

　　　　　주변 산들의 높이가 비슷한데 그런 용의 끝자락에 있어 장풍이 되지 않았다. 위성 사진을 보면 백호는 약간 환포하는 듯하나 청룡이 등을 돌린 형태이다. 비각 아래로 길 건너 밭까지 능선 끝이 안으로 굽은 흔적이 보이는데 어느 혈자리의 청룡으로 보인다.

박영근·박승휴 묘

소재 주소 : 강원도 강릉시 난곡동 산2

내비 주소 : 강원도 강릉시 운정동 416-2(심언광 묘와 같은 능선 위쪽에 있음. 심언광 묘와 연접해 있으나 동이 난곡동과 운정동으로 다름.)

인물 개요 : 본관은 강릉이고, 교수 박승휴를 기준으로 아버지 영근-조부 중경(中敬)-증조 자검(自儉)-고조 지계(之桂)로 이어지는 가계이다.

풍수 요점 : 건좌 손향(박영근 묘), 계좌 정향(박승휴 묘).
박영근 묘와 박승휴 묘가 좌향이 많이 다른 것은 박승휴 묘가 있는 곳에 능선이 따로 있기 때문이다. 심언광 묘까지 길게 뻗어 나간 능선이 박승휴 묘의 청룡 능선이 되는 횡룡입수를 추정해 볼 자리이다.

◈ 오죽헌

소재 주소 : 강원도 강릉시 죽헌동 201

내비 주소 : 강원도 강릉시 죽헌동 157-5

건물 개요 : 건립 연대는 불명(15세기 후반 추정)이고, 최응현 고택이었다
가 신사임당 외조부 이사온(최응현 사위)에게 물려졌다. 그 후
신명화(이이 외조부)를 거쳐 외손인 권처균에게 분재되어 안동
권씨 후손들에게 소유권이 있다. 1963년 1월 21일 보물 제165
호로 지정되었다.

풍수 요점 : 건좌 손향(오죽헌).

안채는 1975년 오죽헌 정화 사업으로 해체되었다가 1996년
복원되고 영역이 확장되는 과정에서 공사를 많이 해 원형을
완전히 유추하기는 어렵다. 안채 뒤 절개면의 정도를 살펴보
고 풍수적 판단의 자료로 활용할 수 있다.

김덕래 가옥

소재 주소 : 강원도 강릉시 죽헌동 454

내비 주소 : 강원도 강릉시 죽헌동 454

건물 개요 : 1913년경 건축된 ㅁ자 형 주택으로, 1985년 1월 17일 강원도 문화재자료 제56호로 지정되었다.

풍수 요점 : 술좌 진향.

내룡의 방향과 건물의 방향이 약간 다르다. 백호 쪽에 절개 후 일부 능선 흔적이 있으므로 판단 자료로 활용할 수 있다.

◈ 김양 묘

소재 주소 : 강원도 강릉시 죽헌동 산46-6

내비 주소 : 강원도 강릉시 죽헌동 482-3

인물 개요 : 본관은 강릉이고, 애일당 김광철의 장남이다. 통덕랑 장락원
직장 김양을 기준으로 아버지 광철-조부 세훈(世勳)-증조 대
(臺)-고조 필양(匹陽)으로 이어지는 가계이다.

풍수 요점 : 임좌 병향.
청룡과 백호가 유정하게 감싼 듯하나 동남쪽에 있는 저수지
둑이 수구처이므로 장풍의 문제는 없는지, 육후처 좌우가 일
치하는지 등을 살펴봐야 한다.

김광철 묘

소재 주소 : 강원도 강릉시 죽헌동 산61-1

내비 주소 : 강원도 강릉시 죽헌동 산61-5

인물 개요 : 본관은 강릉이고, 허엽(許曄)의 장인이자 허균(許筠)과 허난설헌(許蘭雪軒)의 외조부이다. 가선대부예조참판 김광철을 기준으로 아버지 세훈(世勳)-조부 대(臺)-증조 필양(匹陽)으로 이어지는 가계이다.

풍수 요점 : 묘좌 유향.

저수지 둑이 전면에 있는 것을 감안하여 장풍이 될 수 있는 터인지 세심하게 분석해야 한다. 장풍이 되지 않는다면 섬룡입수나 횡룡입수 여지가 있는지 확인해야 한다.

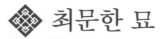 최문한 묘

소재 주소 : 강원도 강릉시 지변동 산24

내비 주소 : 강원도 강릉시 지변동 215-1

인물 개요 : 본관은 강릉이고, 강릉 최씨 문한계의 시조이다. 고려 충숙왕 부마도위 최문한을 기준으로 아버지 용(龍)-조부 개(愷)-증조 열(烈)로 이어지는 가계이다.

풍수 요점 : 자좌 오향.

의관총으로 풍수적 영향과는 별개이다. 내룡의 위이가 활발하여 생룡의 형태를 쉽게 확인할 수 있는데, 좌우를 살펴보면 흙을 많이 보토한 듯하다. 의관총이 있는 위치는 용의 방향이 틀어지는 지점으로 보이므로 확인해야 한다.

김세공 묘

소재 주소 : 강원도 강릉시 지변동 산89

내비 주소 : 강원도 강릉시 지변동 466

인물 개요 : 본관은 강릉이고, 성균생원 김세공을 기준으로 아버지는 김곤으로 이어지는 가계이다.

풍수 요점 : 자좌 오향.

청룡 쪽은 문제가 없어 보이나 백호방이 높이가 낮아 장풍의 영향이 있는지 살펴야 한다. 전면에 수구가 되는 저수지 둑이 있는 점을 감안하여 터를 분석해야 한다.

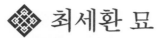 최세환 묘

소재 주소 : 강원도 강릉시 홍제동 산123-3

내비 주소 : 강원도 강릉시 홍제동 555-2

인물 개요 : 본관은 강릉이고, 성균생원이다.

풍수 요점 : 곤좌 간향.

주변이 개발되어서 자연 상태의 지형을 유추하기 쉽지 않으나 잘 살펴보면 외청룡이 크게 감싸고 돌아가고 백호도 충분히 있었음을 알 수 있다. 맨 위는 최세환 묘, 바로 밑 왼쪽 가지에는 어머니 묘, 오른쪽 가지에는 할머니 묘가 있다.

최자점·최연 묘

소재 주소 : 강원도 강릉시 홍제동 산121-1

내비 주소 : 강원도 강릉시 홍제동 237-1

인물 개요 : 본관은 강릉이고, 증가선대부예조참판행통훈대부 최자점을
　　　　　　 기준으로 아버지 연(沇)-조부 극림(克霖)-증조 문한(文漢)으로
　　　　　　 이어지는 가계이다.

풍수 요점 : 자좌 오향.
　　　　　　 묘역 축대의 높이와 지형을 잘 살펴보면 용의 위이 흔적을 볼
　　　　　　 수 있다. 주변 사격의 높이를 감안하여 혈의 위치를 찾아봐야
　　　　　　 한다.

◈ 대관령 국사女성황사

소재 주소 : 강원도 강릉시 홍제동 776-3

내비 주소 : 강원도 강릉시 홍제동 761-4 옆길로 들어감.

건물 개요 : 대관령 국사서낭(성황)의 부인인 여서낭을 모시는 곳으로, 전설에 의하면 여서낭은 강릉에 사는 정씨가(鄭氏家)의 딸이었다고 한다. 음력 4월 15일에 대관령에서 국사서낭을 모시고 내려오면 단오제가 있을 때까지 여성황사에 함께 모셨다가 단옷날에 제사를 지낸다.

풍수 요점 : 자좌 오향.

강릉 남대천 가까이에 성황사가 있으니 하천을 타고 불어오는 바람을 감안해야 한다. 뒤쪽 도로 너머의 산줄기를 감안해서 풍수적 판단을 할 수 있다.

최운상·최순·최충남·최언도 묘

소재 주소 : 강원도 강릉시 홍제동 산283/산284

내비 주소 : 강원도 강릉시 홍제동 913-6

인물 개요 : 본관은 강릉이고, 증통정대부장예원판결사 최충남을 기준으로 아버지 운상-조부 순-증조 세건-고조 자점으로 이어지는 가계이다.

풍수 요점 : 자좌 오향(최충남 묘).

내룡이 질서 있게 보이는지와 청룡과 백호방도 허술하거나 비주하지 않는지 등을 감안해야 한다. 최운상과 최순 묘는 산 284번지에 있는데 청룡과 높이를 감안하여 장풍의 조건을 갖춘 터인지 확인해야 한다.

함필무·함응두·함자예 묘

소재 주소 : 강원도 강릉시 홍제동 산288

내비 주소 : 강원도 강릉시 홍제동 930

인물 개요 : 본관은 강릉이고, 통훈대부행좌군사직동부령문화현령 함자예
를 기준으로 아버지 부실(傳實)-조부 승필-증조 동(棟)으로 이
어지는 가계이다.

풍수 요점 : 자좌 오향.

내룡이 크게 굽어 있는데 지대가 상대적으로 상당히 높은 느
낌이다. 청룡과 백호가 모두 환포해서 장풍에 문제가 없는지
고려해야 한다.

허균·허난설헌 생가

소재 주소 : 강원도 강릉시 초당동 475-3

내비 주소 : 강원도 강릉시 초당동 478

건물 개요 : 허엽의 아들과 딸로, 최초의 한글 소설인 「홍길동전」을 지은
허균(許筠)과 여류작가 허난설헌(許蘭雪軒)의 생가 터이다. 강
원도 문화재자료 제59호로 지정되었다.

풍수 요점 : 갑좌 경향.
높낮이를 구분하기 힘들 정도의 평퍼짐한 곳에 바다를 등지고
서향으로 집이 지어졌다. 큰 틀에서 보면 회룡고조의 형상인
데 주변 지형을 살피는 것만으로는 풍수적 판단이 쉽지 않다.

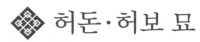

허돈·허보 묘

소재 주소 : 강원도 강릉시 초당동 149-14

내비 주소 : 강원도 강릉시 초당동 135-6

인물 개요 : 본관은 양천이고, 통정대부좌승지겸경연참찬과 허돈을 기준
으로 아버지 보-조부 성-증조 엽으로 이어지는 가계이다.

풍수 요점 : 신좌 인향.

주변이 도시화되어 풍수적 판단이 쉽지 않다. 앞쪽 도로변 절
개지 부분과 묘역이 있는 지점의 높이를 살펴서 용진처가 어
디쯤인지 유추해야 한다. 묘역 입구에 작은 금천교가 있는 것
이 특이한 점이다.

강릉 대도호부 관아·임영관

소재 주소 : 강원도 강릉시 성내동 27-1/용강동 58-1

내비 주소 : 강원도 강릉시 성내동 27-4(주차장 없음.)

건물 개요 : 강릉 대도호부와 객사로 사용되던 건물들이다. 임영관 삼문이
국보 51호로 지정되었다.

풍수 요점 : 해좌 사향(관아), 임좌 병향(임영관).
도시 개발로 자연 상태의 지형을 유추하기 쉽지 않다. 그래서
칠사당 뒤 능선과 KBS 강릉방송국이 가장 높은 지점이라는
것, 임영관과 관아 사이의 도로가 동남쪽에서 북동쪽으로 경
사가 있는 것으로 지형을 유추해야 한다.

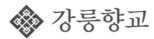 강릉향교

소재 주소 : 강원도 강릉시 교동 233

내비 주소 : 강원도 강릉시 교동 231

건물 개요 : 정확하지 않지만 고려 말기에 창건된 것으로 알려졌다. 이
후 소실되었다가 1313년 다시 지었고, 1411년 다시 소실되자
1413년에 중건했다. 명륜당 건물이 아주 크다. 명륜고등학교
와 같은 울타리 안에 있다.

풍수 요점 : 계좌 정향.

명륜고등학교 운동장 남쪽 끝의 산이 조산(朝山)이 되는 것을
향교 동쪽과 서쪽으로 청룡과 백호의 흔적을 찾아서 풍수를
분석할 수 있다.

최형 묘

소재 주소 : 강원도 강릉시 포남동 산163

내비 주소 : 강원도 강릉시 포남동 1066

인물 개요 : 본관은 강릉이고, 성균진사 최형을 기준으로 아버지 세건-조
부 자점-증조 윤(允)-고조 극림으로 이어지는 가계이다.

풍수 요점 : 술좌 진향.

내룡의 능선이 평퍼짐해서 사룡처럼 보이지만 묘의 약 50m
뒤 기(돌출) 흔적이 생룡의 실마리이다. 주변은 주택가로 개발
되었지만 옆 바람을 막아 줄 청룡이나 백호가 있는지, 높이는
적합한지 분석해야 한다. 뒤에서 보면 묘가 복숭아 형이다.

✦ 최근배 가옥

소재 주소 : 강원도 강릉시 노암동1

내비 주소 : 강원도 강릉시 노암동1

건물 개요 : 1916년에 건축했고, 안채의 앞 양쪽으로 사랑채와 광채를 두고 맞은편에는 행랑채를 두어 ㅁ자 형으로 배치했다.

풍수 요점 : 건좌 손향.

약간 언덕 위에 있는데 백호 능선이 두 겹이다. 집의 왼쪽 텃밭 옆에 청룡 능선의 흔적이 보이므로 혈의 위치를 가늠할 수 있다.

심문계·심준 묘

소재 주소 : 강원도 강릉시 입암동 산66-1

내비 주소 : 강원도 강릉시 입암동 370-6

인물 개요 : 본관은 삼척이고, 숭정대부의정부좌찬성 심문계를 기준으로 아버지는 준(濬)-조부 문계-증조 충보-고조 명덕으로 이어지는 가계이다.

풍수 요점 : 간좌 곤향.

보국이 튼실하게 잘 짜여 있는지 살피고, 청룡과 백호가 만드는 좌우측 공간의 균형이 맞는지 살펴야 한다. 묘 앞쪽에는 좌선 흔적이 있고 묘 옆에 지각이 뻗었던 흔적이 미세하게 보이므로 이를 참고 자료로 활용해야 한다. 비각 부근에서 보국이 어떤지도 관찰해야 한다.

최안영·최인호·최사광 묘

소재 주소 : 강원도 강릉시 장현동 산20-1

내비 주소 : 강원도 강릉시 장현동 327

인물 개요 : 본관은 강릉이고, 고려 정헌대부예이전서 예성군 최안영을 기
준으로 아버지 입지-조부 릉(陵)-증조 군보(君甫)로 이어지는
가계이다.

풍수 요점 : 자좌 오향(최안영 묘).

백호가 앞으로 감싸 주기는 하였으나 높이가 묘역보다 낮아서
월건수가 보이는 점을 분석의 자료로 활용해야 한다. 또 묘역
아래쪽에 있는 연못도 어디에서 물이 흘러들어 만들어진 것인
지 생각해야 한다.

김광복 묘

소재 주소 : 강원도 강릉시 장현동 산19

내비 주소 : 강원도 강릉시 장현동 334

인물 개요 : 본관은 강릉이고, 낭장 김광복의 아들인 담(譚)은 1539년 초시
에 합격했으나 벼슬에 나가지 않았다. 70세에 동지중추부사의
벼슬을 받았다. 김담을 기준으로 아버지 광복-조부 경황-증조
한-고조 상영-5대조 속으로 이어지는 가계이다.

풍수 요점 : 간좌 곤향.

강릉 최씨 묘역의 백호가 이곳에서는 조산(朝山)이 되어 단아
한 봉우리를 만들었다. 월견수가 보이지 않는 높이를 고려하
여 장풍의 터를 찾는 것이 가장 중요하다.

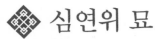 # 심연위 묘

소재 주소 : 강원도 강릉시 장현동 산23-1

내비 주소 : 강원도 강릉시 장현동 산23-1

인물 개요 : 본관은 삼척이고, 사과선원전참봉 심연위를 기준으로 아버지
언성(彦誠)-조부 관(灌)-증조 문계(文桂)로 이어지는 가계이다.

풍수 요점 : 축좌 미향.

청룡은 길이가 부족함이 없으나 백호의 길이가 짧은 것이 아
쉽다. 앞산을 보고 자리를 정한 듯하나 높이가 적당한지 판단
해야 한다.

장수령 묘

소재 주소 : 강원도 강릉시 장현동 302

내비 주소 : 강원도 강릉시 장현동 309

인물 개요 : 본관은 부안이고, 성균생원 장수령 기준으로 아버지 계호(繼灝)-조부 필한(弼漢)-증조 세걸(世傑)-고조 맹손(孟孫)으로 이어지는 가계이다.

풍수 요점 : 경좌 갑향.

비룡입수하는 돌혈 형상처럼 보이나 백호가 없는 형상이다. 묘의 청룡 쪽 옆 몸통에 골 흔적이 있음을 감안하여 분석해야 한다.

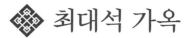 # 최대석 가옥

소재 주소 : 강원도 강릉시 박월동 526

내비 주소 : 강원도 강릉시 박월동 526

건물 개요 : 건축 연대가 뚜렷하지 않으나 동쪽 헛간 기와에서 강희(康熙)
30년(1691년), 사랑채 망와에서 가경 9년(1804년)의 명문(銘文)
이 발견되었다.

풍수 요점 : 자좌 오향.

모산봉 아래 청룡과 백호가 가까이에서 감싸 안아 주는 곳에
집이 있어 아늑한 느낌이다.

남계천 묘

소재 주소 : 강원도 강릉시 청량동 산30

내비 주소 : 강원도 강릉시 청량동 470-1

인물 개요 : 본관은 의령이다.

풍수 요점 : 건좌 손향.

묘역은 얼핏 보면 땅을 많이 파내서 조성한 것처럼 보인다. 청룡이 멀리까지 감싸 주고 백호는 앞의 소나무 심은 밭까지 흔적이 남아 있다.

◈ 어덕상 묘

소재 주소 : 강원도 강릉시 강동면 상시동리 산251

내비 주소 : 강원도 강릉시 강동면 상시동리 445-7(도로에서 능선 위로 올라
감.)

인물 개요 : 본관은 함종이고, 중직대부서운관부정정산현감 어덕상을 기
준으로 아버지 승귀-조부 천록-중조 송우로 이어지는 가계이
다.

풍수 요점 : 경좌 갑향.

예전의 영동고속도로 때문에 용맥이 단절되기는 했으나 생룡
이 기복위이하며 행도하는 것을 확인할 수 있다. 묘역에서 주
변 사격과 높이나 안정감 등으로 혈 위치를 확인할 수 있다.

김몽호·김득의 묘

소재 주소 : 강원도 강릉시 강동면 안인진리 산15

내비 주소 : 강원도 강릉시 강동면 안인진리 210

인물 개요 : 본관은 강릉이고, 황산찰방마전군수 김득의를 기준으로 아버
지 몽호-조부 수(鏓)-증조 광언으로 이어지는 가계이다. 김몽
호는 가선대부동지중추부사이다.

풍수 요점 : 사좌 해향(김몽호 묘), 묘좌 유향(김득의 묘).
김몽호 묘는 좌향이 내룡의 방향과는 달리 청룡 쪽으로 틀어
져 있다. 내룡은 펑퍼짐해 보이고 묘역 앞에도 넓은 공간이 있
어 사룡처럼 보이나 보국이 좋으니 인작으로 변형된 것이 아
닌지 분석해야 한다. 김몽호 묘의 백호 능선에 있는 김득의 묘
는 수구가 정면에 있는 것을 감안해야 한다.

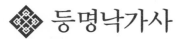 등명낙가사

소재 주소 : 강원도 강릉시 강동면 정동진리 산17

내비 주소 : 강원도 강릉시 강동면 정동진리 547-14

건물 개요 : 신라 선덕여왕 때 자장율사가 창건했다는 설이 있다. 처음 이름은 수다사였다가 고려 시대 중창 이후 등명사로 개칭했다. 옛날 절터는 만월보전 뒤 숲속에 있다.

풍수 요점 : 유좌 묘향(극락보전), 술좌 진향(만월보전). 극락보전에서 보면 백호가 감싸는 모습이 아주 좋은데 극락보전 터의 높이가 장풍에 적합한지 살펴봐야 한다. 만월보전은 등명루 아래의 밭에 청룡 흔적이 남아 있다.

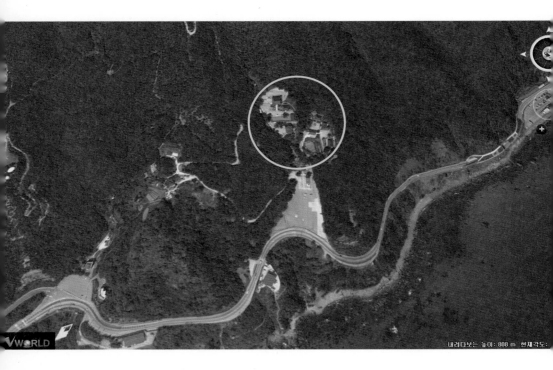

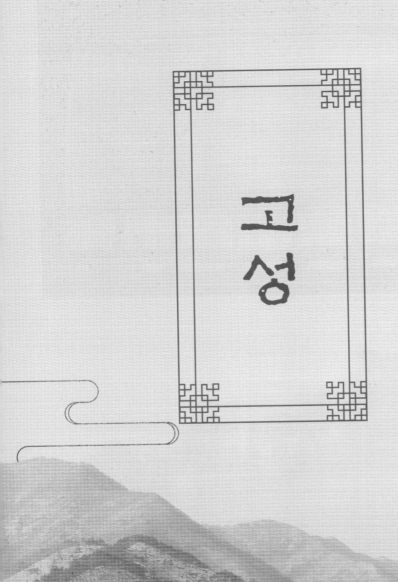

고성

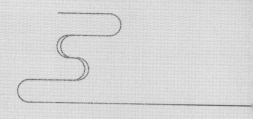

현장에서 풍수를 분석하고 적용할 때는 자연 상태의 땅이 기준이다. 흙을
보토하거나 깎아 내거나 또는 축대나 옹벽을 쌓거나 하는 등 인간이 변형
시킨 곳은 최대한 자연 상태의 지형과 지세를 유추한 후에 판단해야 한다.

건봉사

소재 주소 : 강원도 고성군 거진읍 냉천리 36

내비 주소 : 강원도 고성군 거진읍 냉천리 36

건물 개요 : 신흥사(神興寺)의 말사로, 520년(법흥왕 7년) 아도(阿道)가 창건
했다. 도선국사와 나옹이 중창했고 임진왜란 때 사명대사가
승병을 일으키기도 했다. 왜구가 통도사에서 약탈해 간 부처
님 진신사리를 찾아와 이곳에 봉안했다.

풍수 요점 : 임좌 병향(대웅전).
개울을 경계로 사찰 영역이 양분되었는데 대웅전 뒤 능선 법
면의 방향을 살펴봐야 한다. 적멸보궁 영역에서는 양수가 합
수되는 것을 볼 수 있으니 혈처를 짐작할 수 있다.

 왕곡마을

소재 주소 : 강원도 고성군 죽왕면 오봉리 375(함정균 가옥)

내비 주소 : 강원도 고성군 죽왕면 오봉리 500

마을 개요 : 두문동 72현 중 한 명인 함부열(楊根咸氏)이 조선 건국에 반대
하여 간성 지역에 낙향했고, 그의 손자 함영근이 왕곡마을에
정착하면서 마을이 생겼다. 함정균 가옥은 강원도 지정문화재
자료 78호로 지정되었다.

풍수 요점 : 임좌 병향(함정균 가옥).
백호가 길게 내려가 마을 수구를 막아 주어 멀지 않은 곳에 송
지호가 있음에도 마을에서는 보이지 않는다. 함정균 가옥 앞
에 작은 개울이 용진처를 만들 수 있는지 분석해야 한다.

순흥 안씨 묘

소재 주소 : 강원도 고성군 죽왕면 오봉리 산30-3

내비 주소 : 강원도 고성군 죽왕면 오봉리 산30-3(소나무 밭 사이의 아담한
묘)

인물 개요 : 본관은 순흥이고, 효혜전참봉 함영두 공의 부인이다.

풍수 요점 : 자좌 오향.

마을을 돌아나가는 도로 때문에 청룡이 많이 잘렸어도 수구가
전혀 보이지 않는다. 나지막한 능선이 끝나는 형상이 그대로
보이므로 풍수를 공부하기에 적합한 터이다.

 김재옥 묘

소재 주소 : 강원도 고성군 죽왕면 오봉리 442-3

내비 주소 : 강원도 고성군 죽왕면 오봉리 442-5

인물 개요 : 본관은 용궁이고, 가선대부원종공신어매장군행충무위부사과를 지냈다.

풍수 요점 : 임좌 병향.

외형상 용진처까지 능선을 따라가면 송지호에서 불어오는 바람의 영향이 있을 것이므로 장풍이 되는 위치를 찾아봐야 한다. 또 석축 아래에 능선 끝자락 흔적과 물이 합수되는 흔적을 찾으면 분석에 도움이 될 것이다.

김옥광 묘

소재 주소 : 강원도 고성군 죽왕면 오봉리 산112-6

내비 주소 : 강원도 고성군 죽왕면 오봉리 619-3

인물 개요 : 본관은 용궁이고, 가선대부강원도관찰사겸병마수군절도순찰
사원주 목사를 지냈다.

풍수 요점 : 신좌 인향.

내룡의 형세는 그럴 듯해 보이나 송지호와 바다가 보일 정도
로 전망이 좋다. 장풍의 조건을 갖추었다고 보기는 어려운 점
을 감안하여 판단해야 한다.

 어명기 가옥

소재 주소 : 강원도 고성군 죽왕면 삼포리 551-1

내비 주소 : 강원도 고성군 죽왕면 삼포리 466-1

건물 개요 : 어씨(魚氏) 집성촌에 있는 전통 가옥으로 1500년경에 건립되었고, 1750년경에 화재로 소실되었다가 1753년 재건되었다. 어명기의 증조부 어용주(魚用珠)가 1860년경에 구입하여 대대로 전해 왔다. 1984년 1월 10일 중요민속문화재 제131호로 지정되었다.

풍수 요점 : 간좌 곤향.

산줄기가 내려오는 방향을 보면 건좌의 터로 정할 수 있었다고 여겨진다. 그러나 간좌의 터로 정한 것은 장풍과 혈의 관계를 고려한 것이니 살펴봐야 한다.

이덕균 가옥

소재 주소 : 강원도 고성군 죽왕면 인정리 419

내비 주소 : 강원도 고성군 죽왕면 인정리 419

건물 개요 : 1879년 구성리에 건축했고, 20세기 초에 현재 자리로 이축했
다. 1985년 1월 17일 강원도 문화재자료 제77호로 지정되었
다.

풍수 요점 : 간좌 곤향.
청룡과 백호의 길이가 짧아서 조금 아쉬운 터이다. 집 뒤로 가
면 풀밭에 물길의 흔적이 보이는데 풍수적 분석에 중요한 단
서가 될 것이다.

 # 화암사

소재 주소 : 강원도 고성군 토성면 신평리 산136-11

내비 주소 : 강원도 고성군 토성면 신평리 산136-11

건물 개요 : 신흥사(神興寺)의 말사(末寺)로, 769년(신라 혜공왕 5년) 진표율
사(眞表律使)가 창건하고 화암사(華巖寺)라고 칭했다. 1623년
(인조 원년) 소실된 것을 1625년 중건했다. 설법전이 1990년 9
월 7일 강원도 문화재자료 제114호로 지정되었다.

풍수 요점 : 신좌 을향(대웅전).

대웅전 뒤와 청룡 쪽을 살펴보면 자연 상태의 땅 모양을 유추
할 흔적이 있으므로 분석에 활용해야 한다. 그리고 다른 전각
들도 뒤쪽의 지형들과 수구 쪽의 장풍 여부를 판단해야 한다.

탁인엽 묘

소재 주소 : 강원도 고성군 토성면 용촌리 산94

내비 주소 : 강원도 고성군 토성면 용촌리 772-27

인물 개요 : 본관은 광산이고, 통정대부를 지냈다.

풍수 요점 : 곤좌 간향.

주변의 토질이 마사토인 것을 감안하더라도 봉분 상태가 많이 좋지 않은데 뒤쪽 절개면에서 제절까지의 자연 지형을 유추해야 한다. 그리고 묘 양옆의 비탈면에 육후처를 찾아보면 판단이 가능할 것이다.

동해

'혈(穴)'이란 풍수의 핵심이 되는 위치(지점)를 표현한 글자로, 풍수에서는
지구가 품고 있는 에너지가 은은하게 뿜어져 나오는 구멍(분출구)을 혈이
라 한다. 이 혈에 묘를 만들거나 건물을 짓고 살면 좋은 결과를 얻는다는
생각과 경험을 반영한 것이 바로 풍수이다.

함득겸 묘

소재 주소 : 강원도 동해시 호현동 산9-1

내비 주소 : 강원도 동해시 호현동 111(집 앞으로 올라감.)

인물 개요 : 본관은 강릉이고, 성균진사 함득겸을 기준으로 아버지 응령-
조부 헌-증조 자무-고조 영창으로 이어지는 가계이다.

풍수 요점 : 자좌 오향.

묘가 있는 곳에서 능선이 더 뻗어 나가므로 결혈이 되었다면
장지중요형(長枝中腰形)이므로 앞뒤 내룡의 상태를 분석해야
한다. 현재 좌향은 자좌 오향이나 자연 지형은 계좌 정향이다.

심상열 가옥

소재 주소 : 강원도 동해시 단봉동 687

내비 주소 : 강원도 동해시 단봉동 687

건물 개요 : 현 소유주의 8대조가 약 250여 년 전에 지은 것으로 추정된다. 안채를 기준으로 앞쪽으로 건물이 ㅁ자 형태로 만들어졌고, 툇마루를 연결 통로로 활용했다.

풍수 요점 : 임좌 병향.

높지 않은 산들이 앞뒤에서 둘러싼 곳에 자리 잡았고, 청룡이 살짝 뻗어 나가 수구처의 바람도 막아 주는 형상이니 장풍에는 문제가 없다.

김형기 가옥

소재 주소 : 강원도 동해시 지가동 138

내비 주소 : 강원도 동해시 지가동 144

건물 개요 : 현 소유주의 11대조부터 살기 시작한 터전으로써 1726년에 본
가옥을 건축했다. 이후 중수를 거듭했으며 최근에는 1922년에
개·보수했다. 남녀의 공간을 명확히 하여 우측은 남자, 좌측은
여자들의 생활 공간이 되도록 아랫방 전면에 T자 형의 담장(내
외담)을 만든 것이 특이하다. 강원도 유형문화재 제83호로 지
정되었다.

풍수 요점 : 건좌 손향.
집 뒤의 산에서 뻗어 나간 청룡의 흔적은 보이나, 앞쪽으로 지
나는 철로 때문에 백호의 흔적을 유추하기 쉽지 않다.

◈ 삼화사지

소재 주소 : 강원도 동해시 삼화동 712

내비 주소 : 강원도 동해시 삼화동 714

장소 개요 : 선덕여왕 11년(642년)에 자장율사가 절을 건립하고 흑연대라
했고, 후에 범일국사가 재건하여 삼공암이라 했다. 임진왜란,
순조 23년(1823년), 고종 43년(1906년)에 불에 타 재건축했다.
현재 삼화사는 70년대에 탄광 사업을 위해 이전한 것이고, 경
내에는 삼층석탑(보물 제1277호)과 철불(보물 제1292호)이 있다.

풍수 요점 : 건좌 손향(추정).
완전히 폐허가 되었는데 곳곳에 시멘트 건물 흔적이 있다. 청
룡과 백호가 있고 앞에 계곡이 흐르고 있으니 막연하게나마
풍수적 판단을 할 수 있다.

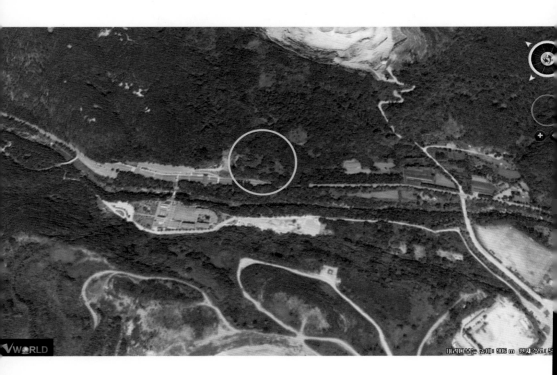

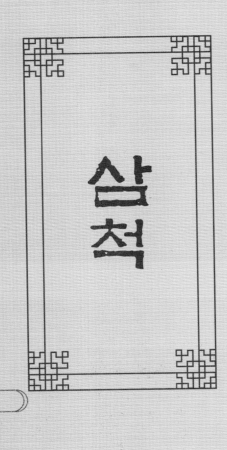

삼
척

풍수(風水)는 장풍(藏風)에서 '풍(風)'을, 득수(得水)에서 '수(水)'를 가져와 만든 장풍(藏風)과 득수(得水)의 줄임말이다. 풍수의 중국식 발음에 따라 펑수이(Feng-Shui)가 세계적인 통용어이다.

준경묘(이양무 장군 묘)

소재 주소 : 강원도 삼척시 미로면 활기리 산149

내비 주소 : 강원도 삼척시 미로면 활기리 67-1

인물 개요 : 본관은 전주이고, 5세손 성계가 조선 태조이다. 아버지 인(璘)-
조부 용부(勇夫)로 이어지는 가계이다. 어머니는 문극겸의 장
녀였다. 아들 안사(安社)는 목조대왕, 손자 행리(行里)는 익조
대왕, 증손 춘(椿)은 도조대왕, 고손 자춘(子春)이 환조대왕으
로 추존되었다. 1899년에 영경묘와 같이 묘소를 수축했다.

풍수 요점 : 신좌 을향.
백두대간에서 분맥되어 동쪽으로 뻗은 내룡이 분지 형태의 터
에 용진처를 만들었다. 묘역의 좌우 공간이 다른 것에 대해 깊
은 고찰이 필요하다.

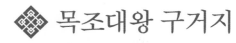 # 목조대왕 구거지

소재 주소 : 강원도 삼척시 미로면 활기리 92

내비 주소 : 강원도 삼척시 미로면 활기리 314-4

장소 개요 : 목조 구거지이다. 전주에 살던 이안사가 전주의 한 관기를 두고 산성별감과 다툼이 생겨 집을 정리하고 가솔과 가병, 재산을 가지고 강원도 삼척으로 피신하여 살았던 터이다.

풍수 요점 : 간좌 곤향.

집터로 만들어지고 그 후 훼손되어 방치된 과정에서 지형이 사라졌다. 앞에는 물이 흘러 용진처를 만들었고 조금 떨어진 곳에서 청룡과 백호의 흔적이 보이니 이를 활용해야 한다.

영경묘(삼척 이씨 부인 묘)

소재 주소 : 강원도 삼척시 미로면 하사전리 산53

내비 주소 : 강원도 삼척시 미로면 하사전리 38-13

인물 개요 : 본관은 삼척이고, 삼척 이씨 상장군 이강제(李康濟)의 딸이다. 이양무와 결혼하여 안사(安社), 영필(英弼), 영밀(英謐), 영습(英襲) 등 네 명의 아들을 두었다.

풍수 요점 : 유좌 묘향.

내룡의 용진처나 청룡과 백호가 확실해서 길지로 생각하고 선택했을 것이다. 그러나 묘역의 경사가 심한 것과 수구로 빠져나가는 원진수가 직거하다 비주하는 것을 참고해야 한다.

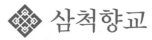 삼척향교

소재 주소 : 강원도 삼척시 교동 566

내비 주소 : 강원도 삼척시 교동 565-3

건물 개요 : 1398년(태조 7년) 창건되고, 1407년(태종 7년) 옥서동 월계곡
(月桂谷)으로 옮겼으나 1468년(세조 14년) 다시 현재의 위치로
옮겨왔다. 대성전은 1407년, 명륜당은 1472년, 동무와 서무는
각각 1665년에 건립했다. 1985년 1월 17일 강원도 유형문화재
제102호로 지정되었다. 장경실, 숙청재 등 다른 향교에서 볼
수 없는 건물과 명륜당 뒤와 대성전 옆에 특이한 석물이 있다.

풍수 요점 : 자좌 오향.

명륜당이나 대성전의 백호방에 큰 골이 있는데 그 물길을 타
고 지나다니는 바람의 영향을 막아 줄 또 다른 능선이 있었을
지 생각해야 한다.

실직군왕릉

소재 주소 : 강원도 삼척시 성북동 43

내비 주소 : 강원도 삼척시 성북동 86-4

인물 개요 : 본관은 삼척이고, 실직군왕은 신라의 마지막 왕 경순왕의 제8
자인 일선군(一善郡)의 아들 김위옹(金渭翁)이다. 고려 삼한벽
상공신(三韓壁上功臣)으로 좌승상에 이름을 올렸다. 삼척 김씨
(三陟 金氏)가 시조이다. 1971년 12월 16일 강원도기념물 제15
호로 지정되었다.

풍수 요점 : 건좌 손향.

묘역이 넓기 때문에 묘역에서 용진이 되었는지 확인이 쉽지
않다. 청룡과 백호가 없는 편이고 오십천이 반배하는 형상 등
을 참고하여 분석해야 한다.

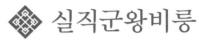 # 실직군왕비릉

소재 주소 : 강원도 삼척시 사직동 213-5

내비 주소 : 강원도 삼척시 사직동 219-4(도로변 주차 위험)

인물 개요 : 실직군왕비(悉直郡王妃)였던 밀양 박씨의 묘이다.

풍수 요점 : 신좌 인향.

무덤이 있는 곳 앞에 오십천이 흘러 용진처가 되었다. 그러나 높이와 물길의 형상 등을 고려하여 물길을 타고 지나다니는 바람의 영향을 감안하는 것이 중요하다.

삼척사직단

소재 주소 : 강원도 삼척시 원당동 122-11

내비 주소 : 강원도 삼척시 원당동 122-3

건물 개요 : 1395년(태조 4년) 세워진 삼척 사직단(社稷壇)은 1661년(현종 2 년)에 보수되고, 그 후 1772년에 증축했으나 1907년에 폐지되 었다.

풍수 요점 : 축좌 미향(원 터). 계좌 정향(현 사직단).

지금의 사직단은 본래의 터가 아니어서 풍수적 분석의 의미가 없다. 현재의 표지석을 기준으로 보면 용맥이 아파트 103동 뒤쪽의 산에서 104동 방향으로 내려왔다가 남쪽으로 방향을 바꾸는 횡룡입수의 틀로 여겨지므로 이를 참고해서 분석해야 한다.

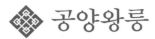 공양왕릉

소재 주소 : 강원도 삼척시 근덕면 궁촌리 178

내비 주소 : 강원도 삼척시 근덕면 궁촌리 176

인물 개요 : 본관은 개성이고, 고려 제34대 왕이다. 신종(神宗)의 7대손으로 정원부원군(定原府院君) 왕균(王鈞)의 아들이며, 어머니는 국대비 왕씨(國大妃 王氏)이다. 이성계·심덕부 등에 의해 창왕이 폐위되자 왕위에 올랐으나 1392년 폐위되고 1394년 살해되었다. 경기도 고양시와 강원도 삼척시에 묘가 있어 어느 묘가 진묘인지 알 수 없다.

풍수 요점 : 계좌 정향.

묘의 봉분에서 좌우를 보면 양옆의 능선이 청룡과 백호처럼 있으니 자연 상태의 물길이 어디쯤인지 가늠해 보는 것이 중요하다.

이 책에서 반복되는 '장풍'의 의미는 '바람으로부터 숨겨진 곳에 혈이 있다.'는 것으로, '장풍이 되지 않는 곳은 혈이 없다.'는 것이다. 따라서 혈을 찾을 때는 먼저 장풍이 되는 터인지 살펴봐야 한다.

신흥사

소재 주소 : 강원도 속초시 설악동 170

내비 주소 : 강원도 속초시 설악동 110-1

건물 개요 : 신흥사는 652년에 자장이 창건했다고 전해지지만 그 자리는 지금의 터가 아니다. 1644년에 영서(靈瑞)·연옥(蓮玉)·혜원(惠元) 등 여러 스님들이 건물을 짓고 신흥사라 칭했다. 극락보전은 강원도 유형문화재 제14호로 지정되었다.

풍수 요점 : 갑좌 경향.

비선대 쪽에서 내려오는 쌍천과 울산바위 쪽에서 내려오는 계곡이 합수되는 용진처 안쪽에 자리 잡았다. 통일대불이 있는 지점의 능선이 수구 바람을 막아 주는 역할을 하는 곳이다.

◈ 최영필 묘

소재 주소 : 강원도 속초시 조양동 산118-1

내비 주소 : 강원도 속초시 조양동 1181-3

인물 개요 : 본관은 강릉이고, 통덕랑성균진사 최영필을 기준으로 아버지 창적(昌迪)-조부 규태-중조 상오-고조 계유로 이어지는 가계이다.

풍수 요점 : 정좌 계향.

외보국이 잘 만들어진 곳이다. 도로를 제외하고 수구를 찾아서 바람길을 찾아보고 장풍이 되는지 판단해야 한다.

고숭덕 묘

소재 주소 : 강원도 속초시 조양동 산93-13

내비 주소 : 강원도 속초시 조양동 1264-2

인물 개요 : 본관은 장흥이고, 고숭덕을 기준으로 아버지 경의(敬義)-조부
　　　　　　인세(麟世)-증조 관(冠)-고조 자양(自讓)으로 이어지는 가계이
　　　　　　다. 위쪽의 고자양, 고관 묘는 이장한 묘이다.

풍수 요점 : 간좌 곤향.
　　　　　　백호가 겹겹이 둘러쌌는데 높이가 장풍의 조건에 문제가 없는
　　　　　　지 살펴봐야 한다. 또 청룡의 길이도 확인해야 한다.

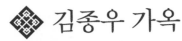 # 김종우 가옥

소재 주소 : 강원도 속초시 도문동 1186

내비 주소 : 강원도 속초시 도문동 1189

건물 개요 : 1750년(영조 26년)에 전주 이씨가 지었다고 전해지며, 현재 소
유자 김종우의 선친 김시중이 매입하여 2대째 내려왔다. 1985
년 1월 17일 강원도 유형문화재 제85호로 지정되었으며, 별채
는 최근에 다시 지었다.

풍수 요점 : 인좌 신향.
청룡이 수구를 막아 주어 장풍은 될 것으로 보인다. 마을 안쪽
으로 들어가 약간 높은 곳에 있음을 감안하고 청룡을 찾아야
한다.

장언희 묘

소재 주소 : 강원도 속초시 도문동 산130

내비 주소 : 강원도 속초시 도문동 1047

인물 개요 : 본관은 인동이고, 가선대부 장언희의 자세한 가계는 알려져
있지 않다.

풍수 요점 : 계좌 정향.

산줄기가 끝나는 지점에 있으나 청룡과 백호의 길이가 충분해
서 장풍이 되는지 확인해야 한다. 횡룡입수를 떠올리면 좋을
듯하다.

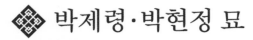 # 박제령·박현정 묘

소재 주소 : 강원도 속초시 도문동 산258

내비 주소 : 강원도 속초시 도문동 81

인물 개요 : 본관은 밀양이고, 증가선대부병조참판겸지의금부사 박현정을
기준으로 아버지 계발(桂發)-조부 제령(濟齡)으로 이어지는 가
계이다.

풍수 요점 : 임좌 병향.
백호가 앞을 잘 감싸 주었으나 수구가 조금은 열린 듯 보이니
이를 감안하여 장지중요형이나 자기보국혈 등으로 풍수적 판
단을 해야 한다.

장풍의 조건을 갖추려면 바람을 막아 줄 울타리가 필요하다. 이 울타리를
풍수에서는 '보국(保局)'이라고 부른다. 보국을 구성하는 요소는 혈을 기준
으로 뒤의 현무, 앞의 안산, 현무를 등지고 안산을 바라본 상태에서 왼쪽
의 청룡, 오른쪽의 백호이다.

양구향교

소재 주소 : 강원도 양구군 양구읍 상리 322

내비 주소 : 강원도 양구군 양구읍 상리 322

건물 개요 : 양구향교는 1405년(태종 5년) 양구읍 상리에 창건했다. 1737년
(영조 13년)에 양구읍 하리(현 비봉초등학교 자리)로 이건했다가
1963년 지역 유림들이 현재의 자리에 다시 건립했다.

풍수 요점 : 묘좌 유향.
내룡의 백호 쪽 비탈면에 대성전이 있는데 백호 쪽 골짜기 물
이 어디로 흘러갔었는지 판단해야 하는 터이다.

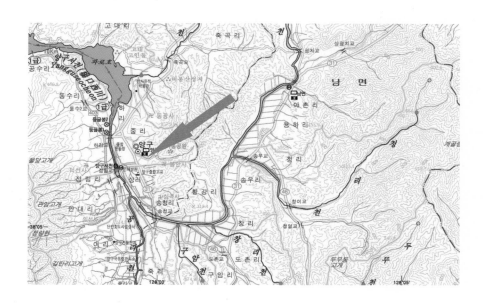

◈ 이성완 묘

소재 주소 : 강원도 양구군 해안면 현리 산22

내비 주소 : 강원도 양구군 해안면 현리 114

인물 개요 : 본관은 평창이고, 위에는 통정대부 묘, 아래에는 이성완 묘가 있다.

풍수 요점 : 임좌 병향.

묘역으로 올라가는 도로를 지나는 지점까지 능선이 이어져 있다. 이 능선과 묘역이 있는 땅의 모양을 잘 살펴서 정룡의 형상인지 방룡의 형상인지 파악해야 한다.

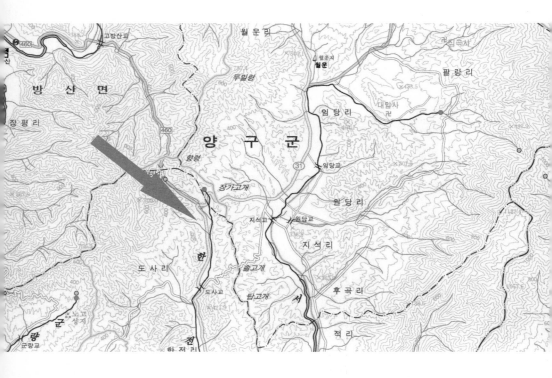

정광창 묘

소재 주소 : 강원도 양구군 양구읍 군량리 산9-1

내비 주소 : 강원도 양구군 양구읍 군량리 518

인물 개요 : 본관은 봉화이고, 정광창을 기준으로 아버지 영손(永孫)-조부
자현(自賢)-증조 인형(仁炯)-고조 속(束)으로 이어지는 가계이
다.

풍수 요점 : 계좌 정향.
묘 앞으로 군량천이 횡으로 흐르지만 청룡과 백호, 조산들이
겹겹이 있어 장풍에는 문제가 없어 보인다. 용진의 형상도 비
교적 단정하므로 정혈 여부를 판단해야 한다.

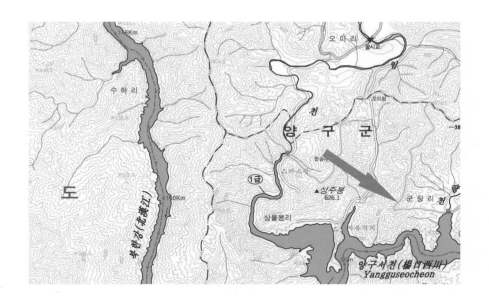

양
양

장풍을 현장에서 가장 효율적으로 적용하는 방법은 물길을 보고 바람길을 유추하는 것이다. 자연 상태의 물길은 바람길이므로 전면이나 측면에 직선으로 흐르는 물길이 보이면 그 물길을 타고 바람이 들이치는 것이고 이는 장풍이 되지 않는다.

김종원 묘

소재 주소 : 강원도 양양군 강현면 강선리 408

내비 주소 : 강원도 양양군 강현면 강선리 409

인물 개요 : 본관은 강릉이고, 학생이다.

풍수 요점 : 건좌 손향.

청룡 능선이 가까이에서 잘 감싸 주었고, 백호도 멀리 돌아서
수구를 막아 주었다. 조금 아쉬운 점은 청룡 너머로 살짝 바다
가 보이므로 이를 참고하여 분석해야 한다.

 # 장문숙·장황 묘

소재 주소 : 강원도 양양군 강현면 정암리 41-5

내비 주소 : 강원도 양양군 강현면 정암리 33

인물 개요 : 본관은 단양이고, 성균진사를 지냈다.

풍수 요점 : 유좌 묘향.

청룡이 앞을 잘 감싸 주어 수구가 막힌 듯 보인다. 위쪽의 묘
와 아래쪽의 묘에서 각각 청룡의 높이를 감안하여 장풍이 되
는 위치를 판단해야 한다.

이경화 묘

소재 주소 : 강원도 양양군 강현면 용호리 산78

내비 주소 : 강원도 양양군 강현면 용호리 260

인물 개요 : 본관은 함풍이고, 통정대부행첨지중추부사 이경화를 기준으로 아버지 찬원(纘元)-조부 천규(天圭)-증조 계선(繼先)-고조 응망(應望)으로 이어지는 가계이다.

풍수 요점 : 계좌 정향.

묘역에서 용의 덩치가 큰 편이니 분맥박환이 충분히 되었는지 생각해야 한다. 또 맞은편에 충심수로 여겨지는 물길이 보이는 것을 참고로 분석해야 한다.

진전사와 도의국사 부도

소재 주소 : 강원도 양양군 강현면 둔전리 124-5

내비 주소 : 강원도 양양군 강현면 둔전리 124-5

건물 개요 : 784년(선덕왕 5년)에 당나라로 가서 지장(地藏)의 선법(禪法)을
이어받고 821년(헌덕왕 13년)에 귀국한 가지산파(迦智山派)의
초조(初祖) 도의국사가 창건한 사찰이다.

풍수 요점 : 자좌 오향(적광보전), 간좌 곤향(도의국사 부도).
진전사의 주전각인 적광보전 뒤에는 큰 바위가 있는 내룡의
흔적이 보인다. 도의국사 부도가 있는 내룡도 생룡의 흔적이
보인다. 각각의 위치에서 장풍이 되고 청룡과 백호가 가장 아
늑하게 감싸 안아 주는 지점이 어디일지 찾아야 한다.

진전사지

소재 주소 : 강원도 양양군 강현면 둔전리 100-2

내비 주소 : 강원도 양양군 강현면 둔전리 98

장소 개요 : 도의국사가 창건한 옛 진전사 터이며 국보122호 삼층석탑이 있다.

풍수 요점 : 자좌 오향.

　　　　　폐사 후 수 백년 동안 방치되었다가 최근에 발굴하고 있기 때문에 자연 지형을 분석하기 쉽지 않다. 삼층석탑과 대웅전 터로 추정되는 곳의 뒷부분에 능선 흔적이 확연하고 앞에 흐르는 계곡물이 환포하니 대략적인 추측은 가능할 것이다.

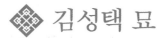 김성택 묘

소재 주소 : 강원도 양양군 강현면 물갑리 산73

내비 주소 : 강원도 양양군 강현면 물갑리 77-6

인물 개요 : 본관은 정선이고, 통정대부를 지냈다.

풍수 요점 : 자좌 오향.

묘 뒤쪽에 보면 인위적으로 만든 사성(莎城)이 아닌 자연 상태
의 땅을 파낸 흔적이 보인다. 일반적인 다른 묘에 비해 묘 마
당이 넓은 편인데 그 이유를 생각해 봐야 한다. 망주석의 세호
가 독특하다.

김철의 묘

소재 주소 : 강원도 양양군 강현면 물갑리 산84

내비 주소 : 강원도 양양군 강현면 물갑리 산84-2

인물 개요 : 본관은 연안이고, 군자감판관을 지냈다.

풍수 요점 : 자좌 오향.

묘 주변의 산세를 살피고 묘 앞의 높은 축대가 왜 필요했는지
참고해야 한다. 또 백호가 먼 것과 건너편의 물길을 타고 오는
바람의 영향 등을 고려해야 할 곳이다.

◈ 이휘점 묘

소재 주소 : 강원도 양양군 강현면 물갑리 231-1

내비 주소 : 강원도 양양군 강현면 물갑리 100(시누대 숲 위로 올라감.)

인물 개요 : 본관은 함평이고, 통덕랑 이휘점을 기준으로 아버지 경화(景華)-조부 찬원(纘元)-증조 천규(天圭)-고조 계선(繼先)으로 이어지는 가계이다.

풍수 요점 : 경좌 갑향.

묘가 있는 지점을 통과한 능선이 수구가 보이는 마을 회관까지 뻗어 나가므로 장풍이 되는 곳을 찾아보는 것이 중요하다.

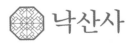 낙산사

소재 주소 : 강원도 양양군 강현면 전진리 산5-2

내비 주소 : 강원도 양양군 강현면 전진리 37

건물 개요 : 671년(문무왕 11년) 의상대사가 창건했다. 그 후 중건 및 소실이 반복되었으며 6·25전쟁으로 소실된 것을 복원하였다. 최근에는 2005년 4월 6일에 주변에 산불이 나서 보타전을 제외한 대부분의 전각은 소실되었다.

풍수 요점 : 건좌 손향(보타전).

백두대간에서 동해로 뻗어 내린 산줄기가 바닷가에서 멈춘 곳에 있다. 원통보전과 해수관음상, 홍련암, 보타전 등의 위치에서 보국이 갖추어지고 장풍이 되는 곳이 어디인지 찾아봐야 한다.

 이군실 묘

소재 주소 : 강원도 양양군 양양읍 기리 산18

내비 주소 : 강원도 양양군 양양읍 기리 175

인물 개요 : 본관은 전주이고, 증가선대부이안군겸종정행좌우보승장군 이군실을 기준으로 아버지 완남군 조(朝)-조부 완풍대군 원계(元桂)-증조 환조대왕 자춘(子春)으로 이어지는 가계이다.

풍수 요점 : 자좌 오향.

백호에서 뻗어 나간 능선이 적당한 높이로 앞에서 조응하고, 3단으로 쌓인 석축 아래로 작은 능선과 골의 흔적이 보이는 것을 참고해야 한다. 자보혈이 아닌지 살펴볼 필요가 있다.

이세문 묘

소재 주소 : 강원도 양양군 양양읍 청곡리 산29

내비 주소 : 강원도 양양군 양양읍 청곡리 170번지 밭으로 올라가야 됨.

인물 개요 : 본관은 전주이고, 증가선대부진릉군겸종정경중훈대부행사헌
부집의 이세문을 기준으로 아버지 군실-조부 완남군 조(朝)-증
조 완풍대군 원계(元桂)-고조 환조대왕 자춘(子春)으로 이어지
는 가계이다. 손자는 이승희, 증손자는 이익창이며 묘 3기가
있다.

풍수 요점 : 술좌 진향.
가까이 있는 백호가 부족하지만 외백호가 크게 앞을 감싸 주
었으니 문제가 없어 보인다. 묘역 옆에 1m 이상 석축이 쌓여
있는 이유를 깊이 생각해야 할 곳이다.

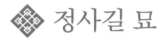 # 정사길 묘

소재 주소 : 강원도 양양군 양양읍 정손리 산4

내비 주소 : 강원도 양양군 양양읍 정손리 159-2 주택 오른쪽 길로 올라감.

인물 개요 : 본관은 영일이고, 통정대부를 지냈다.

풍수 요점 : 계좌 정향.

청룡은 감싸 주었고 외백호가 멀리까지 뻗어 나갔으나 내백호가 없는 것처럼 보인다. 장풍의 조건을 갖추었는지 살피고 주변 사격과의 상대적 높이를 가늠해야 할 곳이다.

양양향교

소재 주소 : 강원도 양양군 양양읍 임천리 297

내비 주소 : 강원도 양양군 양양읍 임천리 297

건물 개요 : 양양향교는 고려 충혜왕 때 다른 곳에 창건했다. 1682년(숙종 8년) 양양부사 최상익과 진사 최상은, 박호 등이 현재의 임천리로 이축했다.

풍수 요점 : 계좌 정향.

내룡이 길게 내려와 용진처를 만들었고 청룡이 앞에서 불어오는 바람을 막아 주는 듯하다. 수구가 열린 듯하니 장풍의 조건이 갖추어졌는지 판단해야 할 곳이다.

 이승복 묘

소재 주소 : 강원도 양양군 손양면 학포리 산14

내비 주소 : 강원도 양양군 손양면 학포리 51

인물 개요 : 본관은 전주이고, 통훈대부행홍문관교리강릉진병마동첨절도
사 이승복을 기준으로 아버지 세문-조부 여안군 군실-증조 완
남군 조(完南君 朝)-고조 완풍대군 원계(元桂)-5대조 환조 자춘
(子春)으로 이어지는 가계이다.

풍수 요점 : 자좌 오향.

용이 생룡처럼 보이나 들판을 관통하여 빠져나가는 물길의 바
람을 막아 줄 백호가 없고 청룡도 먼 곳에 있다. 이를 감안하
여 섬룡입수나 횡룡입수가 가능한지 분석해야 한다.

최동매 묘

소재 주소 : 강원도 양양군 손양면 도화리 산45

내비 주소 : 강원도 양양군 손양면 도화리 137

인물 개요 : 본관은 강릉이고, 통정대부첨지중추부사를 지냈다.

풍수 요점 : 정좌 계향.

힘차게 내달린 용맥이 양옆의 물길이 합수되며 잘 마무리가
된 듯하다. 하지만 원진수가 직거하는 형태로 흘러 장풍의 문
제가 있으니 묘 앞쪽의 단아한 봉우리를 단서로 섬룡입수 등
을 적용할 수 있는 자리다.

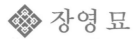 장 영 묘

소재 주소 : 강원도 양양군 손양면 송현리 162-1

내비 주소 : 강원도 양양군 손양면 송현리 219

인물 개요 : 본관은 인동이고, 가선대부문과순찰사를 지냈다.

풍수 요점 : 신좌 인향.

　　　　청룡이 앞으로 돌아나가서 잘 막아 주었고, 백호도 적당한 높
　　　　이로 자리 잡았으니 장풍은 되었을 듯하다. 안정감이 있는 높
　　　　이를 찾아보면 될 곳이다.

조규승 가옥

소재 주소 : 강원도 양양군 현남면 전포매리 106-1

내비 주소 : 강원도 양양군 현남면 전포매리 106-1

건물 개요 : 현 소유자의 10대조가 300년 전쯤 건립한 것으로 알려졌으나 정확한 건축 연대는 알 수 없다. 1985년 1월 17일 강원도 문화재자료 제80호로 지정되었다.

풍수 요점 : 임좌 병향.

청룡과 백호가 아주 가까이에 있는 터로, 입구 쪽의 청룡 능선 끝이 바위로 수구가 잘 관쇄되었음을 알 수 있다. 건물의 측면과 후면 쪽에 보이는 물길을 감안하면 심도 있는 분석이 가능할 것이다.

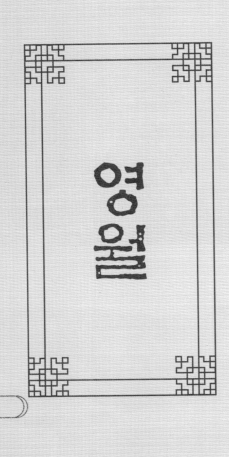

영월

풍수에서는 산의 모든 능선을 '용(龍)'이라 부르는데, 이 용 중에는 혈을 결지하는 생룡(生龍)과 혈을 결지하지 못하는 사룡(死龍)이 있다. 용을 멀리서 보았을 때 기복 등 변화가 활발하고 가까이서 보았을 때 등성이가 뚜렷하면 생룡이다.

법흥사

소재 주소 : 강원도 영월군 무릉도원면 법흥리 산5-3

내비 주소 : 강원도 영월군 무릉도원면 법흥리 422

건물 개요 : 대한불교조계종 제4교구 본사인 월정사(月精寺)의 말사이다. 신라 때 자장율사(慈藏律師)가 창건하여 당나라에서 가져온 진신사리를 봉안하고, 흥녕사(興寧寺)라 칭했다. 여러 차례 소실과 중건을 거쳐 1902년 법흥사로 개칭했다.

풍수 요점 : 자좌 오향(적멸보궁).

보궁이 사자산 자락의 절벽 아래 가까운 지점에 있는 것과 자리 잡은 아래로 능선이 계속 뻗어 가는 갱진의 이유를 생각해야 한다.

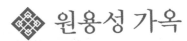 # 원용성 가옥

소재 주소 : 강원도 영월군 무릉도원면 무릉리 1166

내비 주소 : 강원도 영월군 무릉도원면 무릉리 1275

건물 개요 : 약 150년 전에 건축한 것으로 추정된다. 행랑채를 헐고 주택을 신축했다. 1985년 1월 17일 강원도 문화재자료 제73호로 지정되었다.

풍수 요점 : 축좌 미향.

둥근 무곡성 형태의 봉우리 아래에 터를 잡았다. 주변이 개발되어 주택과 밭이 생겨서 청룡과 백호를 판단하기 쉽지 않은 곳이다.

청령포(단종대왕 유배지)

소재 주소 : 강원도 영월군 남면 광천리 산68

내비 주소 : 강원도 영월군 영월읍 방절리 237

장소 개요 : 조선 제6대 임금인 단종(端宗)이 1455년 윤6월 숙부인 세조에게 왕위를 빼앗기고 1457년 6월 유배되었던 곳이다. 야사에는 영월에서 죽임을 당한 단종의 시신이 청령포 물속에 떠 있는 것을 호장 엄흥도가 몰래 수습해 장사를 지냈다고 전해진다.

풍수 요점 : 오좌 자향(단종어소).

국지산에서 내려온 산줄기를 서강이 환포하며 용진처가 만들어졌다. 청령포로 내려오는 산줄기의 굽은 모양과 능선의 경사도를 보면 면배가 확연히 구별되므로 관음송이 있는 곳 근처로 횡룡입수가 되었는지 생각해 볼 필요가 있다.

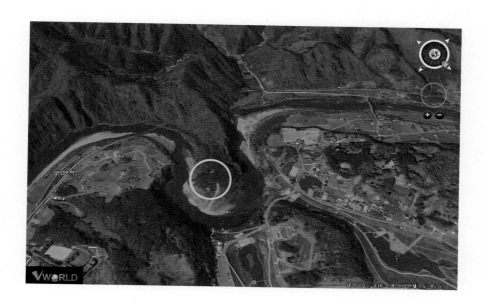

 엄유온 묘

소재 주소 : 강원도 영월군 한반도면 신천리 산116-1

내비 주소 : 강원도 영월군 한반도면 신천리 245-2

인물 개요 : 본관은 영월이고, 증손녀가 성종의 후궁(귀인 엄씨)이다. 가선
대부좌군동지총제 엄유온을 기준으로 아버지 준(俊)-조부 영
좌(英佐)-증조 비(庇)-고조 윤정(允精)으로 이어지는 가계이다.

풍수 요점 : 술좌 진향.

묘역이 상당히 넓게 조성되어 판단이 쉽지 않다. 청룡이 튼실
해서 장풍이 되는지, 올라가는 부분이 왜 길게 능선이 나왔는
지 생각해 볼 자리이다.

정조대왕 태실

소재 주소 : 강원도 영월군 영월읍 정양리 산133

내비 주소 : 강원도 영월군 영월읍 정양리 451

유물 개요 : 원래 1753년(영조 29년) 계족산(鷄足山)에서 뻗어 내린 능선의
끝자락에 조성되었다. 석회비료광산 개발로 파괴·매몰된 뒤
복원된 것이어서 본래 위치는 아니다. 옆 능선 돌형의 봉우리
에 있었을 것으로 추정된다. 강원도 유형문화재 제114호이다.

풍수 요점 : 진좌 술향.
본래 위치가 아니므로 현재의 위치를 기준으로 판단해야 한
다. 하천이 반배하며 흐르는 곳으로 장풍이 되지 않아 혈이 결
지될 수 없다.

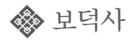 보덕사

소재 주소 : 강원도 영월군 영월읍 영흥리 1110

내비 주소 : 강원도 영월군 영월읍 영흥리 1110

건물 개요 : 686년(신문왕 6년)에 의상(義湘)이 창건했고 지덕사(旨德寺)라
칭했다. 대부분의 건물이 6·25전쟁 때 소실되었고 나중에 복
원한 것이다. 대한불교조계종 제4교구 본사인 월정사(月精寺)
의 말사이다.

풍수 요점 : 을좌 신향.
주전각인 극락보전의 뒤쪽에 뚜렷하게 보이는 내룡의 등성이
를 찾아봐야 한다. 또 내룡의 양옆에 있는 물길이 어디쯤에서
합쳐지는지 판단해 볼 장소이다.

엄홍도 묘

소재 주소 : 강원도 영월군 영월읍 팔괴리 산186

내비 주소 : 강원도 영월군 영월읍 팔괴리 산186-2

인물 개요 : 본관은 영월이고, 영월군호장증자헌대부공조판서를 지냈다.

풍수 요점 : 묘좌 유향.

큰 틀에서 보면 보국이 갖추어졌으나 청룡과 백호의 끝이 멀리 떨어져 있음을 주목해야 한다. 능선의 끝이 우선(右旋)을 하는 점과 묘역 주변에 높은 석축이 쌓여 있는 점도 감안하여 판단해야 한다.

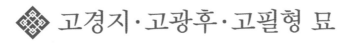

고경지·고광후·고필형 묘

소재 주소 : 강원도 영월군 영월읍 덕포리 산77

내비 주소 : 강원도 영월군 영월읍 덕포리 588

인물 개요 : 본관은 횡성이고, 통정대부 고경지를 기준으로 아버지 종원(宗遠)-조부 광후(廣後)-증조 항산(恒山)으로 이어지는 가계이다.

풍수 요점 : 간좌 곤향.
묘역 앞쪽에 주택가가 생겨 눈에 확 들어오지는 않지만 낮은 능선들이 앞쪽에 있으니 나름의 역할을 했는지 확인해 볼 자리이다.

영월향교

소재 주소 : 강원도 영월군 영월읍 영흥리 892

내비 주소 : 강원도 영월군 영월읍 영흥리 892

건물 개요 : 1398년(태조 7년) 창건했다. 1950년 6·25전쟁 때 대성전을 제외한 모든 건물이 소실되었으며, 1985년 1월 17일 강원도 유형문화재 제100호로 지정되었다.

풍수 요점 : 을좌 신향.

원래 높지 않았던 백호 쪽이 도시가 생기면서 많이 깎인 듯 보인다. 청룡과 앞쪽의 흔적을 이용해서 풍수적 판단을 할 수 있는 곳이다.

◈ 관풍헌

소재 주소 : 강원도 영월군 영월읍 영흥리 984-1

내비 주소 : 강원도 영월군 영월읍 영흥리 984-1

건물 개요 : 1392년(태조 1년)에 건립된 영월 객사의 동헌 건물이다. 1971년 12월 16일 강원도 유형문화재 제26호로 지정되었다. 관풍헌 건물과 맞닿아 약사전 건물이 있는 것이 특이하다.

풍수 요점 : 자좌 오향.

도심 속 한복판에 있어 지형을 구분하기 쉽지 않지만 좌우의 용호 흔적을 찾아봐야 한다. 특히 약 250m 거리의 동강이 비주하는 것을 참고해야 한다.

엄임의 묘

소재 주소 : 강원도 영월군 영월읍 영흥리 873

내비 주소 : 강원도 영월군 영월읍 영흥리 870

인물 개요 : 본관은 영월이고, 영월 엄씨 시조이다. 세 아들을 두었는데 장
남 태인은 군기감공파의 파조, 차남 덕인은 복사공파의 파조,
삼남 처인은 문과공파의 파조를 지냈다. 엄홍도는 12세손이
다.

풍수 요점 : 자좌 오향.
묘 위치는 그리 높지 않으나 강물이 내려다보일 정도로 상대
적 높이가 높다. 청룡과 백호가 갖추어졌는지부터 검토해야
한다.

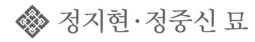
정지현·정중신 묘

소재 주소 : 강원도 영월군 영월읍 삼옥리 1431-1

내비 주소 : 강원도 영월군 영월읍 삼옥리 1432

인물 개요 : 본관은 나주이고, 통정대부 정지현을 기준으로 아버지 맹신
(孟愼)-조부 도장(道長)-중조 호해(好諧)로 이어지는 가계이다.

풍수 요점 : 임좌 병향.

　　　　　청룡이 앞으로 곧게 뻗은 반면, 백호는 안으로 굽어 있으니 어
느 정도 보국이 갖추어진 형상이다. 장풍과 관련한 높이를 판
단해 볼 자리이다.

고진하 가옥

소재 주소 : 강원도 영월군 남면 창원리 455

내비 주소 : 강원도 영월군 남면 창원리 354

건물 개요 : 정확한 건축 연도는 알려져 있지 않아 조선 시대로 추정한다. 1985년 1월 17일 강원도 문화재자료 제72호로 지정되었다.

풍수 요점 : 유좌 묘향.

도로에서 집 뒤 내룡의 개장천심을 구분해 보고, 집 앞에서는 물길의 흐름을 살펴야 한다. 집 뒤에서 맞은편 산과 물길을 분석해 보면 풍수적 판단이 나올 수 있는 자리이다.

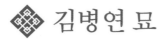 # 김병연 묘

소재 주소 : 강원도 영월군 김삿갓면 와석리 897-2

내비 주소 : 충청북도 단양군 영춘면 의풍리 912(충청북도 단양과 강원도 영
월 경계)

인물 개요 : 본관은 안동이고, 아버지 안근(安根)-조부 익순(益淳)-증조 이
환-고조 관행-5대조 시태로 이어지는 가계이다.

풍수 요점 : 축좌 미향.
묘역이 넓게 조성되어서 본래의 지형을 판단하기 어렵다. 현
재 지형은 앞에 흐르는 개울물이 완전히 반배의 형상이고 수
구처 가까이에 있기 때문에 혈이 결지될 수 있는지 깊이 있는
분석이 필요하다.

원주

태초에 지구가 만들어질 때의 땅 모양을 기준으로 구분하면 모든 땅은 능선과 물길 중 하나로 분류된다. 물길과 물길 사이에는 능선이 있고, 능선과 능선 사이에는 물길이 있다. 물길은 빗물이 내려가는 길이고, 생룡의 능선 등성이에는 지맥과 혈이 있다.

정온·정윤겸 묘

소재 주소 : 강원도 원주시 호저면 옥산리 산49-1

내비 주소 : 강원도 원주시 호저면 옥산리 23

인물 개요 : 본관은 초계이고, 증자헌대부병조판서행병충구의정국공신가
　　　　　　의대부 동지중추부사오위도총부부총관훈련원도정 정윤겸을
　　　　　　기준으로 아버지 온(溫)-조부 홍(興)-증조 편(便)-고조 수(修)-5
　　　　　　대조 광계(光繼)로 이어지는 가계이다.

풍수 요점 : 갑좌 경향(정온 묘), 인좌 신향(정윤겸 묘).
　　　　　　큰 틀에서는 보국이 잘 갖추어졌다고 판단할 수 있지만, 묘의
　　　　　　위치가 수구처에서 불어오는 바람의 영향은 없을지 판단해 봐
　　　　　　야 한다.

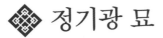 정기광 묘

소재 주소 : 강원도 원주시 호저면 광격리 산150-2

내비 주소 : 강원도 원주시 호저면 광격리 860

인물 개요 : 본관은 초계이고, 가선대부한성부좌윤오위도총부부총관 정기
광을 기준으로 아버지 약(爚)-조부 종영(宗榮)-증조 숙(淑)-고
조 윤겸(允謙)으로 이어지는 가계이다.

풍수 요점 : 해좌 사향.
평퍼짐하게 만들어져 능선과 물길을 구별하기 쉽지 않다. 묘
역 뒤쪽을 보면 능선의 형체가 보인다. 능선은 아래로 내려가
면서 가지를 나누는데 여기는 어떠했을까 판단이 필요하다.

원효이·원중비 묘

소재 주소 : 강원도 원주시 호저면 만종리 산160-1

내비 주소 : 강원도 원주시 호저면 만종리 243-4

인물 개요 : 본관은 원주이고, 창신교위부사직증통정대부병조참의 원영세
를 기준으로 아버지 종직-조부 윤조(胤祖)-증조 중비(仲秠)-고
조 효이(孝而)-5대조 황(滉)으로 이어지는 가계이다.

풍수 요점 : 임좌 병향.

원효이, 원중비, 원영세 묘 앞 영동고속도로 너머에 대미 저수
지가 있음을 감안하고, 바람길을 염두에 두고 분석해야 한다.

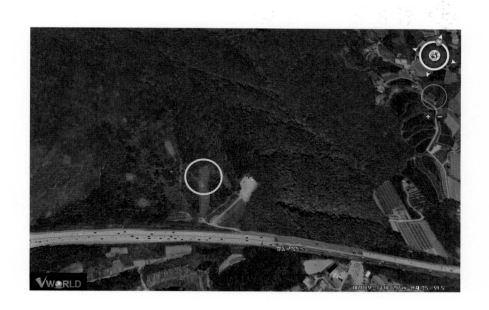

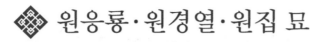

원응룡·원경열·원집 묘

소재 주소 : 강원도 원주시 호저면 만종리 산162-1

내비 주소 : 강원도 원주시 호저면 만종리 539-5

인물 개요 : 본관은 원주이고, 통훈대부행개령현감 원응룡을 기준으로 아버지 희맹(希孟)-조부 기(機)-증조 보륜(甫崙)-고조 자돈(自敦)으로 이어지는 가계이다.

풍수 요점 : 임좌 병향(원응룡 묘).

맨 위의 묘 뒤로 가면 파묘 터가 있다. 지형이 훼손되어 펑퍼짐해서 사룡으로 보이나, 더 위쪽에는 생룡 흔적이 있으므로 정밀 분석이 필요하다. 용맥이 끝 쪽에서 특이하게 가지 나눔을 하고 방향을 틀어 내려간 곳에 원응룡 묘가 있다. 안쪽의 원집과 부인 쌍분묘는 개장 능선은 보이나 천심맥은 거의 보이지 않는다.

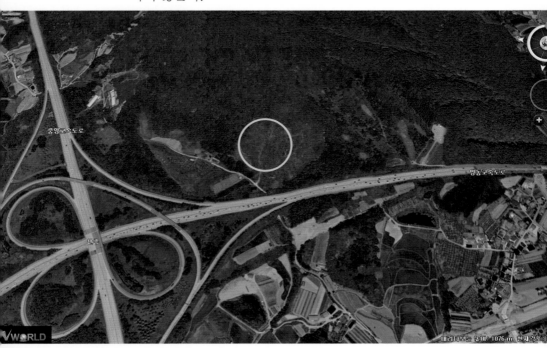

이희무·이양·이배·이해 묘

소재 주소 : 강원도 원주시 호저면 주산리 산66

내비 주소 : 강원도 원주시 호저면 주산리 642-1

인물 개요 : 본관은 원주이고, 증가선대부 이해를 기준으로 아버지 희무
(希武)-조부 중현(仲賢)-증조 세공(世恭)으로 이어지는 가계이
다.

풍수 요점 : 유좌 묘향(이해 묘).

재실(은덕사)에서 보면 외백호가 아주 낮게 보이고 멀리 도심
아파트가 보일 정도로 상대적으로 높은 자리이다. 장풍이 되
는지 고려해 봐야 한다.

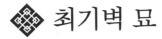 최기벽 묘

소재 주소 : 강원도 원주시 호저면 주산리 산149-5

내비 주소 : 강원도 원주시 호저면 주산리 1106-3

인물 개요 : 본관은 강릉이고, 증가선대부이조참판행와서별제 최기벽을
기준으로 아버지 경상(景祥)-조부 수헌(壽巘)-증조 세절(世節)-
고조 응현(應賢)-5대조 치운(致雲)으로 이어지는 가계이다. 최
규하 전 대통령 선대 묘이고, 입구 쪽에 선대묘들을 이장하여
조성했다.

풍수 요점 : 인좌 신향.
주변 산세가 높지도, 낮지도 않은데 맨 위의 최기벽 묘가 상대
적으로 높은 것은 아닌지 분석해야 한다.

원중거·원순조·원계성·원호지 4대 묘

소재 주소 : 강원도 원주시 지정면 보통리 산83-1

내비 주소 : 강원도 원주시 지정면 보통리 385

인물 개요 : 본관은 원주이고, 증자헌대부병조판서행가선대부전라도병마
절도사 원중거를 기준으로 아버지 효이(孝而)-조부 황(滉)-증
조 헌(憲)으로 이어지는 가계이다.

풍수 요점 : 을좌 신향(원중거 묘), 묘좌 유향(원순조 묘), 진좌 술향(원계성
묘).

청룡이 없고 앞쪽의 서곡천이 반배를 하는 형상임을 염두에
두어야 한다. 원중거 묘 뒤에 과협 형상이 있으므로 여기에서
시작되는 물길도 분석해야 한다.

 # 조엄 묘

소재 주소 : 강원도 원주시 지정면 간현리 산69-12

내비 주소 : 강원도 원주시 지정면 간현리 146-1

인물 개요 : 본관은 풍양이고, 이조판서증의정부좌찬성 조엄을 기준으로
아버지 상경(商絅)-조부 도보(道輔)-증조 중운(仲耘)으로 이어
지는 가계이다.

풍수 요점 : 축좌 미향.
백호는 앞으로 뻗었으나 청룡이 앞을 감싸 주어 보국이 형성
되었다. 청룡의 높이와 수구를 살펴서 묘에 바람이 올 것인지
판단해야 한다.

이기 묘

소재 주소 : 강원도 원주시 지정면 간현리 산43-1

내비 주소 : 강원도 원주시 지정면 간현리 694-1

인물 개요 : 본관은 한산이고, 증의정부영의정행자헌대부이조판서 이기를
기준으로 아버지는 지란(之蘭)-조부 질(秩)-증조 장윤(長潤)으
로 이어지는 가계이다.

풍수 요점 : 해좌 사향.

용맥이 크지는 않지만 기복과 위이를 하는 생룡의 형세이며
마지막에 비룡입수 형태로 돌출한 곳에 묘가 있다. 상대적으
로 높은 느낌이 드는데 자보혈(연소혈)일지 판단해야 한다. 용
신에서 세 개의 가지가 생겨난 것도 특이한 부분이다.

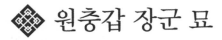 # 원충갑 장군 묘

소재 주소 : 강원도 원주시 지정면 간현리 산25

내비 주소 : 강원도 원주시 지정면 간현리 722-3

인물 개요 : 본관은 원주이고, 고려광국공신광록대부응양상장군 원충갑을
기준으로 아버지 민성(敏成)-조부 응용(應龍)으로 이어지는 가
계이다.

풍수 요점 : 을좌 신향.

앞쪽의 나무 때문에 잘 보이지 않을 수 있으나, 수구를 마주보
는 것은 아닌지 살펴야 한다. 또 올라가는 계단 좌측(묘 백호
쪽)에 있는 골이 어디서부터 시작되었을까 살펴봐야 한다.

이희백 묘

소재 주소 : 강원도 원주시 지정면 간현리 산26-1

내비 주소 : 강원도 원주시 지정면 간현리 722

인물 개요 : 본관은 원주이고, 남부부령 이희백을 기준으로 아버지 인비(仁庇)-조부 공량(公亮)-증조 겸(謙)-고조 유광(有光)-5대조 단성(端誠)으로 이어지는 가계이다.

풍수 요점 : 을좌 신향.

드높은 용호가 겹겹이 감싸고 있고, 묘도 높다란 곳에 있어 느낌이 좋다. 다만 백호가 비주한 모습이 보이고 당판이 좁아 앞과 옆에 석축을 많이 쌓은 점을 참고하여 분석해야 한다.

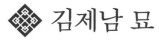 김제남 묘

소재 주소 : 강원도 원주시 지정면 안창리 산67-1

내비 주소 : 강원도 원주시 지정면 안창리 370-2

인물 개요 : 본관은 연안이고, 증의정부영의정행보국숭록대부영돈녕부
사연흥부원군 김제남을 기준으로 아버지 오(祦)-조부 안도(安
道)-증조 전(詮)-고조 우신(友臣)-5대조 해(侅)로 이어지는 가계
이다. 인목대비의 아버지이다.

풍수 요점 : 임좌 병향.

나지막한 청룡과 백호가 보국을 잘 만든 와혈형의 터이다. 청
룡과 백호 사이의 작은 능선에 묘역이 만들어졌다면 조성 과
정에서 흔적이 사라져 버린 두 개의 물길을 찾아보는 것이 중
요하다.

원주향교

소재 주소 : 강원도 원주시 명륜동 255

내비 주소 : 강원도 원주시 명륜동 255

건물 개요 : 고려 시대에 지어진 것으로 추정된다. 1985년 1월 17일 강원
도 문화재자료 제98호로 지정되었다. 임진왜란으로 소실되었
으나 1602년에 대성전을 중건하였다.

풍수 요점 : 자좌 오향.

향교 입구와 대성전 뒤에서 능선 흔적을 찾을 수 있다. 도심
속에 있어도 향교 주변은 자연 지형이 상당히 남아 있어 풍수
적 판단이 가능할 것이다.

◈ 태장동 왕녀 태실 터

소재 주소 : 강원도 원주시 태장동 1266-11

내비 주소 : 강원도 원주시 태장동 1266-10(태봉우성아파트 안 201동 뒤)

유물 개요 : 태지석에 성종의 딸 복란이 성종 17년(1486년) 10월 13일 진시
(辰時, 오전 7~9시)에 출생한 것으로 기록되었다. 1982년 11월
3일 강원도 유형문화재 제66호로 지정되었다.

　　　　　※태실 : 왕실의 자녀가 무병장수하기를 바라는 마음에서 생후 2~5개월
　　　　　　　 뒤에 좋은 터에 태(胎)를 안치하는 곳이며, 태실이 있는 봉우리
　　　　　　　 를 태봉이라 한다.

풍수 요점 : 자좌 오향.

　　　　　원주천과 흥양천이 만나는 곳에서 멀지 않다. 오래전에 도시
로 개발되어 주변 자연 지형을 유추하는 것은 어렵다. 다만 아
파트 밖 골목길에 가 보면 주변의 땅을 파낸 것을 알 수 있다.

강원감영

소재 주소 : 강원도 원주시 일산동 54-2

내비 주소 : 강원도 원주시 일산동 53-44(공영주차장)

건물 개요 : 강원감영은 조선 시대에 각도의 관찰사가 정무를 보던 청사로, 1395년(태조 4년)에 설치했다. 2002년 3월 9일 사적 제439호로 지정되었다.

풍수 요점 : 건좌 술향(선화당).

도심 한복판에 있어 정확한 풍수적 판단은 어렵다. 그렇지만 주변을 살펴보면 서쪽에서 동쪽으로 경사가 있는 지세임을 알 수 있다. 포정루에서 맞은편 골목길의 경사를 유심히 살펴봐야 한다.

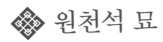 # 원천석 묘

소재 주소 : 강원도 원주시 행구동 산37

내비 주소 : 강원도 원주시 행구동 343-2

인물 개요 : 본관은 원주이고, 고려국자진사 원천석을 기준으로 아버지 윤
적(允迪)-조부 열(悅)-증조 시준(時俊)-고조 보령(寶齡)으로 이
어지는 가계이다.

풍수 요점 : 진좌 술향.
외형상 용진처가 아닌 잘록해지는 곳 직전에 묘가 있는데 섬
룡입수를 생각하고 잡은 터라고 여겨진다. 육후처나 천륜영
등을 검토해 봐야 한다.

이거·이추 묘

소재 주소 : 강원도 원주시 가현동 산63/산68

내비 주소 : 강원도 원주시 가현동 615

인물 개요 : 본관은 원주이고, 교도 이추를 기준으로 아버지 거(琚)-조부 방진(邦珍)으로 이어지는 가계이다. 이거는 통례원 봉례를 지냈다.

풍수 요점 : 신좌 인향(이거 묘), 경좌 갑향(이추 묘).

이거 묘, 이추 묘가 같은 보국 안에 있다. 외백호가 고속도로 밖에서 돌면서 큰 보국이 만들어진 모습을 고속도로가 없는 상황을 연상해서 관찰해야 한다.

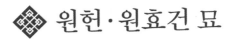

원헌·원효건 묘

소재 주소 : 강원도 원주시 봉산동 산106

내비 주소 : 강원도 원주시 봉산동 350

인물 개요 : 본관은 원주이고, 증가선대부병조참판겸동지의금부사 원헌을
　　　　　　기준으로 아버지 방보(方甫)-조부 광명(廣明)-증조 홍필(弘弼)
　　　　　　로 이어지는 가계이다. 옆에 1세조~7세조 단소(壇所)가 있다.

풍수 요점 : 을좌 신향.
　　　　　　뒤쪽의 원효건 묘를 지나면서 내룡이 백호 형태로 굽어지는
　　　　　　점을 살펴야 한다. 또 묘가 있는 곳이 청룡, 백호의 형상과 거
　　　　　　리 등을 따져 장풍이 되는지 살펴봐야 한다.

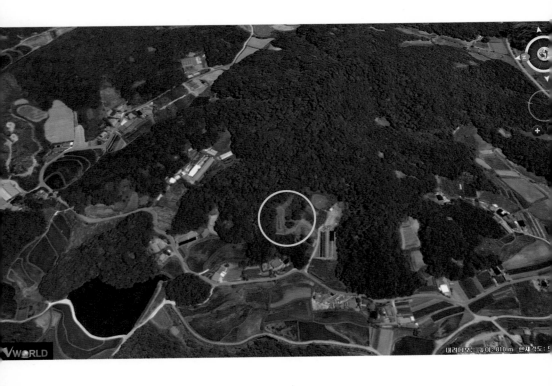

권호·권환 묘

소재 주소 : 강원도 원주시 우산동 산54-2

내비 주소 : 강원도 원주시 우산동 718

인물 개요 : 본관은 안동이고, 가정대부공조참판 권호를 기준으로 아버지 충(衷)-조부 회(僖)-증조 고(皐)-고조 보(溥)로 이어지는 가계이다.

풍수 요점 : 건좌 손향.

시가지가 훤히 내려다보이는 곳에 권호의 묘가 있다. 권호의 묘와 아래쪽 권환의 묘의 높낮이 느낌을 비교하고, 백호 쪽 사협수도 관심 있게 살펴봐야 한다.

 # 김숙 묘

소재 주소 : 강원도 원주시 문막읍 동화리 산157-2

내비 주소 : 강원도 원주시 문막읍 동화리 875

인물 개요 : 본관은 연안이고, 절충장군행요양위부호군을 지냈다. 연흥부
원군 3세손이다.

풍수 요점 : 정좌 계향.

묘는 마치 기룡혈에서 잘록해지려는 지점에 있다. 망주석 앞
묘 마당이 왜 기울었는지 더 나간 능선이 두 갈래로 나뉜 모습
을 참고하여 분석해야 한다.

김무활 묘

소재 주소 : 강원도 원주시 문막읍 건등리 산17

내비 주소 : 강원도 원주시 문막읍 건등리 98

인물 개요 : 본관은 김해이고, 통정대부를 지냈다.

풍수 요점 : 손좌 건향.

비룡입수 형태로 용맥이 길게 내려와 살짝 돌기한 곳에 묘가 있어 돌혈지로 보인다. 주변이 택지조성공사를 하였으나 청룡과 백호의 능선 형체가 남아 있으므로 본래의 자연 지형을 유추할 만한 가치가 있는 터이다.

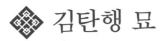 # 김탄행 묘

소재 주소 : 강원도 원주시 문막읍 건등리 902-3

내비 주소 : 강원도 원주시 문막읍 건등리 852-4

인물 개요 : 본관은 안동이고, 증좌찬성행남원부사 김탄행을 기준으로 아버지 제겸(濟謙)-조부 창집(昌集)-증조 수항(壽恒)-고조 광찬(光燦)-5대조 상관(尙寬)으로 이어지는 가계이다.

풍수 요점 : 을좌 신향.

내룡이 밭으로 개간되어서 용의 생사를 육안으로 판단하기 불가능하다. 경지정리 과정에서 변형되었다고 해도 백호 쪽이 완전히 열린 점과 사성 뒤에서 용의 방향이 꺾이는 점을 고려해서 판단해야 한다.

이진방·이구령 묘

소재 주소 : 강원도 원주시 문막읍 취병리 산162

내비 주소 : 강원도 원주시 문막읍 취병리 192

인물 개요 : 본관은 전주이고, 가선대부이조참판겸동지의금부사오위도총
부부총관 이진방을 기준으로 아버지 명열(命說)-조부 유심(幼
深)-증조 성중(誠中)으로 이어지는 가계이다.

풍수 요점 : 해좌 사향.

청룡이 안으로 감싸 주고 백호가 멀리 팔을 오므리면서 멋진
보국이 만들어졌다. 묘의 높이 때문에 바람에 노출되지 않는
지 살펴봐야 한다. 청룡 능선에는 아들 이구령 묘가 있다.

✤ 이유심 묘

소재 주소 : 강원도 원주시 문막읍 취병리 151-1

내비 주소 : 강원도 원주시 문막읍 취병리 1106

인물 개요 : 본관은 전주이고, 증사헌부집의행봉정대부 이유심을 기준으로 아버지 성중(誠中)-조부 감(瑊)-증조 집(輯)-고조 숙(潚)-5대조 계양군 증(增)으로 이어지는 가계이다.

풍수 요점 : 신좌 을향.

보국은 교과서처럼 아주 좋고 묘의 높이도 적당한 듯하다. 수구가 정면에 있어 원진수가 직거하는 형상이라서 장풍에 문제가 없을지 판단해야 한다.

이종숙·이원경 묘

소재 주소 : 강원도 원주시 문막읍 동화리 산90

내비 주소 : 강원도 원주시 문막읍 동화리 200

인물 개요 : 본관은 전주이고, 명선대부벽계도정 이종숙을 기준으로 아버지 의(義)-조부 당(瑭)-증조 세종으로 이어지는 가계이다. 올라가는 길에 손자 이원경의 묘가 있다.

풍수 요점 : 진좌 술향.

뒤에서 보면 청룡이 앞을 감싸 주는 형상이므로 아마도 구혈(합곡혈)로 생각하고 자리를 잡은 듯하다. 청룡보다 높은 지점에 있어 월건수가 보이는 것을 참고로 분석해야 한다. 최근에 석축 공사를 크게 했다.

이원경 묘

이종숙 묘

✦ 이명익 묘

소재 주소 : 강원도 원주시 문막읍 동화리 산134-12

내비 주소 : 강원도 원주시 문막읍 동화리 504-3

인물 개요 : 본관은 전주이고, 통정대부행함창현감 이명익을 기준으로 아버지 유심-조부 성중으로 이어지는 가계이다. 세종의 아들인 담양군의 7세손이다.

풍수 요점 : 갑좌 경향.
백호는 길이나 높이가 문제가 없는데 청룡이 묘가 있는 지점보다 낮아서 장풍에 아쉬움이 없는지 살펴봐야 한다.

김의일 묘

소재 주소 : 강원도 원주시 문막읍 동화리 산103-6

내비 주소 : 강원도 원주시 문막읍 동화리 561-6

인물 개요 : 본관은 경주이다.

풍수 요점 : 간좌 곤향.

고속도로 때문에 지형 판단이 흐려질 수 있으나 청룡과 백호,
안산과 조산이 장풍이 될 보국이 있었을지 판단하는 것이 중
요하다.

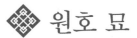 원호 묘

소재 주소 : 강원도 원주시 판부면 서곡리 산72

내비 주소 : 강원도 원주시 판부면 서곡리 112

인물 개요 : 본관은 원주이고, 집현전직제학 원호를 기준으로 아버지 헌
(憲)-조부 중량(仲良)-증조 광명(廣明)으로 이어지는 가계이다.

풍수 요점 : 간좌 곤향.

크게 보면 보국이 만들어졌지만 청룡이 마땅치 않은 것을 염
두에 두어야 한다. 묘역 아래의 능선 끝이 좌선한 모습이 확연
한 것을 참고해야 한다.

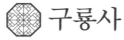 구룡사

소재 주소 : 강원도 원주시 소초면 학곡리 1029

내비 주소 : 강원도 원주시 소초면 학곡리 983-4

건물 개요 : 신라 문무왕 6년(666년)에 의상대사가 창건한 사찰이다. 대웅
전 터의 연못과 9마리의 용이 있었다는 전설과 거북바위와 관
련해서 구룡사라는 이름이 붙여졌다.

풍수 요점 : 유좌 묘향.

대웅전으로 이어지는 능선이 그대로 있어 대웅전 터가 연못이
었다는 설에는 신빙성이 적다. 백호 쪽 계곡으로 드나드는 바
람이 대웅전에 영향을 미치지 않는지 분석해야 한다.

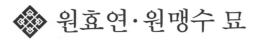 # 원효연·원맹수 묘

소재 주소 : 강원도 원주시 소초면 장양리 555-19

내비 주소 : 강원도 원주시 소초면 장양리 550-1

인물 개요 : 본관은 원주이고, 절충장군첨지중추부사겸오위장 원맹수를
기준으로 아버지 효연(孝然)-조부 황(滉)-증조 헌(憲)-고조 방
보(方甫)로 이어지는 가계이다.

풍수 요점 : 신좌 을향.

묘 앞의 계단식 논들을 보면 낮은 외백호가 있었음을 알 수 있
다. 원맹수의 묘 뒤가 약간 볼록한 흔적이 남아 있으므로 기룡
혈을 생각하면서 분석해야 한다.

김희철·김수검·김예직·김대임·김진하 묘

소재 주소 : 강원도 원주시 귀래면 용암리 산13

내비 주소 : 강원도 원주시 귀래면 용암리 360-6

인물 개요 : 본관은 김해이고, 통훈대부행공조정랑순안양천현감 김대임을
기준으로 아버지 수검(守儉)-조부 예직(禮直)-증조 희철(希哲)-
고조 종수(從壽)-5대조 세균(世鈞)으로 이어지는 가계이다. 김
수검 묘만 원래 있었고 나머지는 이장한 것이다.

풍수 요점 : 자좌 오향.

앞쪽에 개울물 길이 보이므로 이것을 참고로 청룡과 백호가
잘 둘러싸고 있고 그 끝이 관쇄되었는지 판단해야 한다. 또 높
이는 장풍이 되기에 적합한지 등을 살펴야 한다.

✤ 법천사지

소재 주소 : 강원도 원주시 부론면 법천리 산70

내비 주소 : 강원도 원주시 부론면 법천리 638

장소 개요 : 725년(성덕왕 24년)에 창건했고, 임진왜란 때 소실되었다. 국
보 제59호 지광국사현묘탑비가 있고, 이 탑비 옆의 국보 제
101호 지광국사의 부도(浮屠)는 일제 강점기 때 일본으로 반출
되었다가 해방 후 반환되어 현재 경복궁에 보존하고 있다.

풍수 요점 : 임좌 병향.
묘역은 발굴 작업이 진행 중이라 대웅전의 위치를 알 수 없다.
지광국사 부도 자리는 횡룡입수 형태로 능선이 굽어 있으므로
분석할 가치가 있다.

거돈사지

소재 주소 : 강원도 원주시 부론면 정산리 188

내비 주소 : 강원도 원주시 부론면 정산리 209

장소 개요 : 사적 제168호로 신라 때 창건된 것으로 추정한다. 금당지 중
앙에 높이 약 2m의 화강석 불좌대(佛坐臺)가 있고, 금당지 앞
에는 보물 제750호로 지정된 삼층석탑이 있다. 위쪽에는 보물
제78호 원공국사승묘탑비가 있다.

풍수 요점 : 임좌 병향.

절터를 만드는 과정에서 부분적으로 지형이 훼손되었지만 위
쪽에는 능선과 물길의 흔적이 그대로 있으므로 절터에 대해
풍수적 판단이 가능하다. 수구처에서 오는 바람의 영향은 없
는지, 충심수는 해당되지 않는지 살펴봐야 한다.

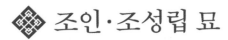# 조인·조성립 묘

소재 주소 : 강원도 원주시 부론면 홍호리 산63

내비 주소 : 강원도 원주시 부론면 홍호리 406

인물 개요 : 본관은 횡성이고, 통정대부승정원도승지사련원대사련지제 조
성립을 기준으로 아버지 인(遴)-조부 응세(應世)-증조 준(俊)-
고조 철수(哲守)로 이어지는 가계이다.

풍수 요점 : 인좌 신향.

두 물줄기가 마을 입구에서 합쳐지지만, 멀리 남한강이 보일
정도로 수구가 열려 있는 점을 고려해서 횡룡입수도 함께 판
단해야 한다.

인세

용이 행도를 마치는 곳을 '외형상 용진처(外形上 龍盡處)'라 하는데 혈은 외형상 용진처 부근에 결지되는 것이 원칙이므로 이곳에서 혈을 찾는다. 다만 용진처는 능선의 형체가 기준이 아니라 능선 주변의 물길이 합쳐지거나 굽어 돌아가는 것이 기준이다.

백담사

소재 주소 : 강원도 인제군 북면 용대리 산62

내비 주소 : 강원도 인제군 북면 용대리 888

건물 개요 : 대한불교조계종 제3교구 본사인 신흥사의 말사이다. 647년(진
덕여왕 1년) 자장이 한계령 부근의 한계리에 절을 세우고 한계
사를 창건했다. 690년(신문왕 10년)에 불타 버려 719년(성덕왕
18년)에 중건했다.

풍수 요점 : 묘좌 유향(극락보전).
사찰의 뒤쪽 능선을 보면 산세가 남서쪽에서 북동쪽으로 흐르
는 것을 볼 수 있다. 주전각인 극락보전의 중심이 산세의 중심
인지 판단해야 한다.

 # 봉정암

소재 주소 : 강원도 인제군 북면 용대리 산12-21

내비 주소 : 강원도 인제군 북면 용대리 888

건물 개요 : 대한불교조계종 제3교구 신흥사의 말사인 백담사의 부속 암
자이다. 643년(선덕여왕 12년) 자장율사가 당나라에서 가져온
부처의 진신사리와 금란가사를 봉안하여 창건했다.

풍수 요점 : 자좌 오향(법당).

일반적인 풍수 이론으로는 설명이 어렵지만 바위산에 둘러싸
여 장풍의 조건은 갖춘 곳이다. 세면장과 종무소 사이의 도랑
을 실마리로 생각하면 분석이 가능하다.

인제향교

소재 주소 : 강원도 인제군 인제읍 상동리 28-2

내비 주소 : 강원도 인제군 인제읍 상동리 28-2

건물 개요 : 조선 태조 7년(1398년)에서 태종 7년(1407년) 사이에 세운 것으로 추정한다. 임진왜란 때 불타 1610년(광해군 2년)에 다시 지었고, 이후 몇 차례 옮겼으며 1930년 대홍수로 건물이 모두 유실되어 4년 후 현재의 자리로 옮겨 다시 지었다.

풍수 요점 : 해좌 사향.

향교 뒤쪽 산에서 내려오는 큰 물길들이 보이는데 옆의 성당은 향교보다 높은 터이니 물길이 어디로 흘렀을지 생각해 봐야 한다.

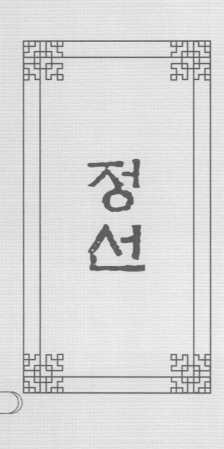

정선

혈을 결지하는 단계에서는 '용(龍)'을 정룡(正龍)과 방룡(傍龍)으로 구분한다. 혈을 결지하는 정룡은 바람을 맞지 않도록 방룡에 비해 높이는 낮고 길이는 짧다. 또한 정룡은 곧게 내려오는데 비해 방룡은 정룡을 향해 굽은 형상이다.

정암사 적멸보궁과 수마노탑

소재 주소 : 강원도 정선군 고한읍 고한리 1

내비 주소 : 강원도 정선군 고한읍 고한리 2

건물 개요 : 서기 643년(선덕여왕 12년)에 자장율사(慈裝律師)가 정암사를 창건했다. 수마노탑은 7년 후에 건립했다고 전해지나 고려 시대에 건립된 것으로 추정된다.

풍수 요점 : 갑좌 경향(적멸보궁).

적멸보궁 건물 뒤쪽 비탈면에 개장과 천심의 흔적이 보이고, 약 30m 앞에 개울이 있으니 풍수적 판단 자료가 될 수 있다. 수마노탑은 석축으로 넓힌 부분을 감안해서 판단해야 한다.

 # 전훤 묘

소재 주소 : 강원도 정선군 남면 낙동리 산120-7

내비 주소 : 강원도 정선군 남면 낙동리 79

인물 개요 : 본관은 정선이고, 도시조 전섭(全聶)의 8세손이다. 봉익대부부
지밀직사사전법판서를 지냈으며 정선 전씨의 시조이다.

풍수 요점 : 인좌 신향.

　　　내룡이 힘차게 내려오다 용진처가 되기 전 경사가 있는 곳에
묘가 있다. 높다란 청룡과 백호가 여러 겹 있으나 끝에서 밖으
로 등을 돌린 형상이다. 묘 앞이 잘록해지고 그 앞이 평평하게
다듬어진 공간을 잘 분석해야 할 터이다.

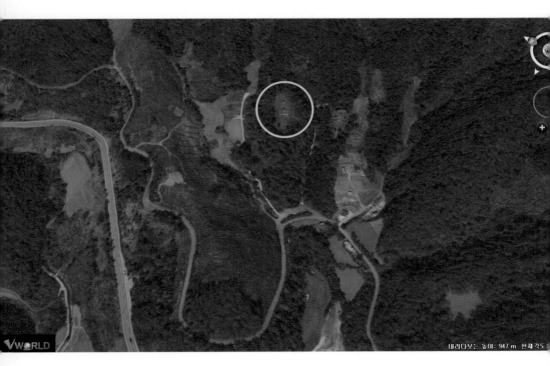

고학규 가옥

소재 주소 : 강원도 정선군 정선읍 봉양리 217-1

내비 주소 : 강원도 정선군 정선읍 봉양리 215-1

건물 개요 : 1772년(영조 49년)에 건축되었고, 1985년 1월 17일 강원도 유형문화재 제89호로 지정되었다. 현재는 수령 600년 강원도 기념물 제7호 뽕나무가 담장 밖에 있다.

풍수 요점 : 자좌 오향.

집 뒤에 군청이 있으니 지형이 많이 바뀌었다. 군청 소재지 뒤에 산이 있고 앞쪽에 동강이 휘감고 흘러가는 것 외에는 도심의 평탄한 지형이라 분석이 난해한 곳이다.

✤ 정선향교

소재 주소 : 강원도 정선읍 봉양리 385

내비 주소 : 강원도 정선읍 봉양리 385

건물 개요 : 정선읍 삼봉산 아래에 있었는데 정선읍 덕송리로 이전하고,
다시 삼봉산 아래 옛터로 옮긴 뒤 1732년(영조 8년) 3월에 현
위치로 이전했다. 명륜당에 동상실, 서상실이라는 특이한 이
름의 방이 있고, 송조5현의 영정을 모신 숙청당이 있다.

풍수 요점 : 임좌 병향.
정선은 이천과 조양강이 합쳐져 동강이 만들어지는 곳이다.
정선향교는 조양강에서 멀지 않은 곳에 있지만 단아한 현무봉
이 보이므로 개장과 천심을 생각해 볼 수 있는 곳이다.

이종후 가옥

소재 주소 : 강원도 정선군 임계면 봉산리 216

내비 주소 : 강원도 정선군 임계면 봉산리 216

건물 개요 : 외재(畏齋) 이단하(李端夏)의 아들인 이자가 안채는 1677년, 별채인 수고당은 1683년에 지었다.

풍수 요점 : 갑좌 경향.

　　　　　주변의 밭을 살펴보면 낮은 능선의 흔적이 보이고, 앞쪽에 있는 이교 묘가 청룡이 되므로 이것을 활용하여 풍수적 판단을 해야 한다.

 이교 묘

소재 주소 : 강원도 정선군 임계면 봉산리 329-2

내비 주소 : 강원도 정선군 임계면 봉산리 216

인물 개요 : 본관은 덕수이고, 아버지 탁-조부 종진(從鎭)-증조 자(薝)-고조 단하(端夏)-5대조 식(植)으로 이어지는 가계이다.

풍수 요점 : 간좌 곤향.

지금은 밭으로 개간될 정도로 낮은 능선이 내려왔다. 임계천 이 약 150m 앞에 흐르고 있어 장풍 때문에 혈 결지가 어려운 곳이다. 섬룡입수나 자기보국 등을 살펴봐야 한다.

이자 부인 강릉 최씨, 이종진, 이탁 묘

소재 주소 : 강원도 정선군 임계면 봉산리 산94-1

내비 주소 : 강원도 정선군 임계면 봉산리 224

인물 개요 : 본관은 덕수이고, 학생 탁을 기준으로 아버지 종진(從鎭)-조부
자(藘)-증조 단하(端夏)-고조 식(植)으로 이어지는 가계이다.

풍수 요점 : 간좌 곤향.

이탁 묘는 마치 골에 있는 것처럼 보여 와형 또는 겸형의 지형
이다. 입수룡의 방위와 현재 묘의 좌향이 적합한지 판단이 필
요하다.

이자 부인 강릉 최씨 묘

이탁 묘

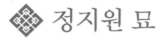 정지원 묘

소재 주소 : 강원도 정선군 화암면 몰운리 43
내비 주소 : 강원도 정선군 화암면 몰운리 29
인물 개요 : 본관은 동래이고, 정지원을 기준으로 아버지 선언-조부 승주-
중조 사경으로 이어지는 가계이다.
풍수 요점 : 을좌 신향.
묘 뒤의 밭에 내룡의 흔적이 뚜렷이 보이므로 원형을 유추해
야 한다. 또 마을이 내려다보이니 장풍의 조건이 갖추어진 곳
인지 분석이 필요하다.

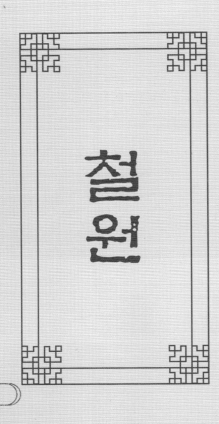

철
원

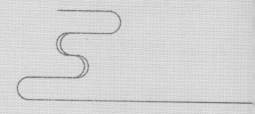

용이 행도를 마치고 혈을 결지하는 단계에 이르면 혈을 결지할 위치를 정하는데 이것을 '용의 입수(入首)'라고 한다. 용의 입수는 내룡(來龍)을 등지고 그대로 입수하는 직룡입수가 원칙이나, 장풍의 조건에 따라 횡룡입수나 섬룡입수의 방식을 선택하기도 한다.

철원향교지

소재 주소 : 강원도 철원군 철원읍 월하리 66

내비 주소 : 강원도 철원군 철원읍 월하리 66

장소 개요 : 철원향교는 조선 시대 초기에 이 자리에 건립되어 임진왜란 때 불탔고 다시 6.25전쟁 때 화재로 소실되었다. 조선 시대의 지리서인 『신증동국여지승람』에서는 이 터가 고려 태조 왕건 이 궁예의 부하로 있을 때 살던 옛집이라고 기록되어 있다.

풍수 요점 : 임좌 병향.

내룡이 확연히 눈에 띄지는 않지만 용호가 겹겹이 감싸고 있어 장풍의 조건은 확실히 갖추어진 터이다.

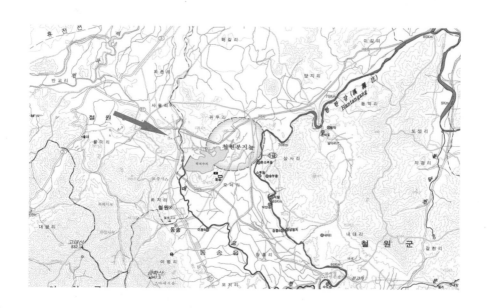

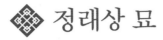

정래상 묘

소재 주소 : 강원도 철원군 동송읍 오지리 산70

내비 주소 : 강원도 철원군 동송읍 오지리 823

인물 개요 : 본관은 동래이고, 통정대부승정원우부승지지제교 정래상을
기준으로 아버지 수(脩)-조부 세미(世美)-증조 협(協)-고조 언
신(彦信)으로 이어지는 가계이다.

풍수 요점 : 신좌 을향.

왜 석축을 쌓아 묘를 조성해야만 했는지 생각해 보고, 사성 뒤
의 법면을 살피면 풍수적 판단이 가능할 것이다.

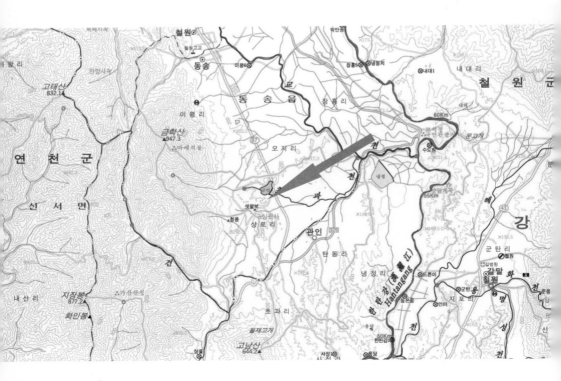

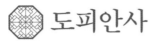 # 도피안사

소재 주소 : 강원도 철원군 동송읍 관우리 423

내비 주소 : 강원도 철원군 동송읍 관우리 425

건물 개요 : 대한불교조계종 제3교구 본사인 신흥사(神興寺)의 말사이다.
서기 865년(경문왕 5년)에 도선국사가 창건한 사찰로, 국보 63
호 철조비로자나불좌상이 있다.

풍수 요점 : 계좌 정향(대적광전).
대적광전 뒤에 있는 골과 능선을 살피고, 청룡과 백호 쪽에서
내려오는 물길들이 어느 지점에서 합쳐지는 것인지 판단해야
한다. 또 절 입구 양쪽 능선 사이에 연못이 있는 것을 주목해
분석해야 한다.

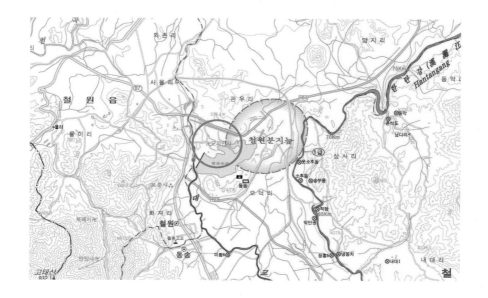

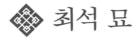 최 석 묘

소재 주소 : 강원도 철원군 동송읍 관우리 323

내비 주소 : 강원도 철원군 동송읍 관우리 324-2

인물 개요 : 본관은 동주(철원)이고, 개부의사삼사수태보평장사상주국감
수국사판이예부사 최석을 기준으로 아버지 원립(爰立)-조부
은숙(殷叔)-증조 준옹(俊邕)으로 이어지는 가계이다.

풍수 요점 : 경좌 갑향.
내룡이 길게 내려와 물을 만나 용진처가 형성되었으나 사방이
탁 트인 지형이므로 자기보국혈(연소혈)이 생길 수 있는지 분
석해야 한다.

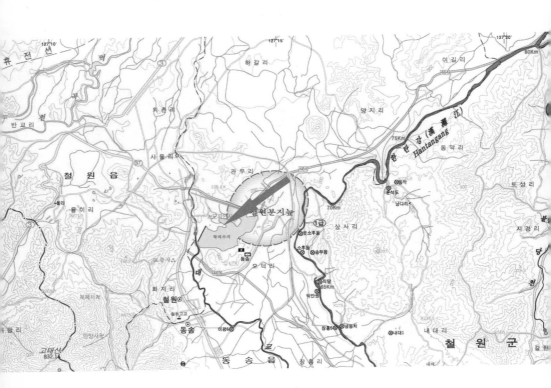

유명악·유척기 묘

소재 주소 : 강원도 철원군 갈말읍 문혜리 산140-90

내비 주소 : 강원도 철원군 갈말읍 문혜리 349-4

인물 개요 : 본관은 기계이고, 청주목사증자헌대부이조판서 유명악을 기준으로 아버지 철(㯙)-조부 성중(省曾)-증조 대의(大儀)로 이어지는 가계이다.

풍수 요점 : 신좌 을향.

큰 보국이 만들어져서 장풍의 조건은 갖춘 곳이다. 용진처도 형성되었으므로 육후처를 찾아보고 정혈 여부를 판단할 수 있다.

춘천

'횡룡입수(橫龍入首)'는 용진처 부근에 장풍이 되지 않을 경우에 미리 외형상 용진처 이전의 안쪽 능선에 혈이 결지되는 것이다. 현장에서는 외형상 용진처의 전면이 열려 있으며, 능선 등성이의 좌우가 비대칭이고, 청룡과 백호의 거리가 균등하지 않을 때 횡룡입수를 생각해야 한다.

청평사

소재 주소 : 강원도 춘천시 북산면 청평리 674

내비 주소 : 강원도 춘천시 북산면 청평리 산210

건물 개요 : 973년 승현 스님이 창건하고 백암선원으로 칭했다. 1068년 이의 스님이 중건하여 보현원이라 했으며, 1550년 보우 스님이 청평사로 개칭했다.

풍수 요점 : 계좌 정향(대웅전).

청평사 경내 주변에는 물길이 크게 세 개가 있고, 절 입구 부근에서 합수되어 나간다. 자연 상태의 물길은 바람길임을 기억하고 풍수적 판단을 해야 한다.

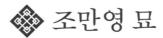 # 조만영 묘

소재 주소 : 강원도 춘천시 신북읍 지내리 산51-7

내비 주소 : 강원도 춘천시 신북읍 지내리 601-1

인물 개요 : 본관은 풍양이고, 영돈녕부사풍은부원군의정부영의정 조만영을 기준으로 아버지 진관(鎭寬)-조부 엄(曮)-증조 상경(尙絅)-고조 도보(道輔)-5대조 중운(中耘)으로 이어지는 가계이다. 신정왕후(神貞王后, 추존왕 익종의 妃)의 아버지이다.

풍수 요점 : 인좌 신향.

　　　　　용진처라고 생각되는 곳에 묘터를 정하였을 것이나 백호 쪽에 있는 수구가 헤벌어져 장풍이 되는지 살펴야 한다. 또 내룡은 생룡으로 보이니 근처에서 장풍이 되는 위치를 찾는 것이 중요하다.

박항 묘

소재 주소 : 강원도 춘천시 신북읍 발산리 산2

내비 주소 : 강원도 춘천시 신북읍 발산리 1-2

인물 개요 : 본관은 춘천이고, 고려 삼중대광중서문하성찬성사 춘성부원
군을 지냈다. 춘천 박씨 중시조이다.

풍수 요점 : 간좌 곤향.

내룡은 위이가 활발하여 생룡처럼 보인다. 앞쪽에 보이는 고
가도로 너머로 월건수가 보이고, 제절 아래 쪽에 작은 골의 흔
적이 있는 것 등을 바탕으로 풍수적 판단을 해야 한다.

◈ 조인영 묘

소재 주소 : 강원도 춘천시 신북읍 지내리 산50-26

내비 주소 : 강원도 춘천시 신북읍 지내리 422

인물 개요 : 본관은 풍양이고, 의정부 영의정 조인영을 기준으로 아버지
진관(鎭寬)-조부 엄(曮)-증조 상경(尙絅)-고조 도보(道輔)-5대조
중운(中耘)으로 이어지는 가계이다.

풍수 요점 : 계좌 정향.
내룡의 형상이 생룡인지 살펴보고, 청룡이 빈약한 점과 수구
가 정면에 있음을 참고하여 장풍이 되는지 확인해야 한다.

조병구 묘

소재 주소 : 강원도 춘천시 신북읍 지내리 산51-29

내비 주소 : 강원도 춘천시 신북읍 지내리 620

인물 개요 : 본관은 풍양이고, 이조판서 조병구를 기준으로 아버지 만영 (萬永)-조부 진관(鎭寬)-증조 엄(曮)-고조 상경(尙絅)-5대조 도보(道輔)로 이어지는 가계이다. 신정왕후(추존왕 익종의 妃)의 오빠이다.

풍수 요점 : 임좌 병향.

내룡은 생룡으로 보이나 묘의 양옆을 보면 과협처에 해당된다. 직룡입수라고 보면 좀 더 나갔어야 하고, 섬룡입수로 보면 뒤로 물러난 곳이어야 하지 않을까?

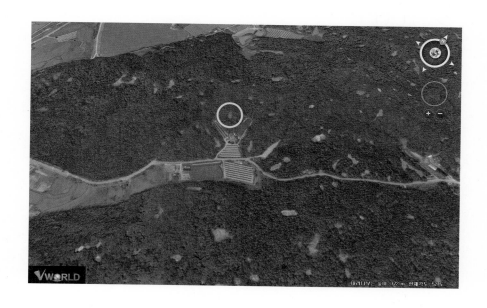

류희점 묘

소재 주소 : 강원도 춘천시 신북읍 지내리 300

내비 주소 : 강원도 춘천시 신북읍 지내리 301(집 옆으로 묘역 올라가는 길 있음.)

인물 개요 : 본관은 문화이고, 절충장군행용양위부호군을 지냈다. 아버지 견룡(見龍)-조부 인호(仁濠)로 이어지는 가계이다.

풍수 요점 : 자좌 오향.

주룡이 길게 뻗어 나와 용진처를 만들었으나 주변 사격의 호종이 부족하고 용진처의 앞이 열려 있어 장풍의 조건이 될 수 없다. 묘는 섬룡입수하는 기룡혈을 생각하고 잡은 듯하니 묘 앞의 낮아진 부분과 솟아올라 안산이 되는 지점과의 높낮이 등을 고려하면서 분석해야 한다.

김우명 묘

소재 주소 : 강원도 춘천시 서면 안보리 산25-1

내비 주소 : 강원도 춘천시 서면 안보리 182-10

인물 개요 : 본관은 청풍이고, 국구청풍부원군 김우명을 기준으로 아버지 육(堉)-조부 흥우(興宇)-증조 비(棐)로 이어지는 가계이다. 조선 현종(顯宗)의 장인이다.

풍수 요점 : 임좌 병향.

올라가는 길의 구불거리는 물길을 보면 수구가 관쇄되었음을 알 수 있다. 혈과 가장 가까운 곳의 안산을 찾고, 혈장의 백호방 옆 돌계단 아래 물길을 보면서 자연 지형을 유추하는 것이 중요하다.

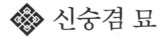 # 신숭겸 묘

소재 주소 : 강원도 춘천시 서면 방동리 816-1

내비 주소 : 강원도 춘천시 서면 방동리 824

인물 개요 : 본관은 평산이고, 평산 신씨의 시조이다. 왕건이 대구의 공산
동수에서 견훤의 후백제군에게 포위되어 위급했을 때 변복을
하고 왕건의 퇴각을 위해 싸우다가 전사했다.

풍수 요점 : 술좌 진향.
3개의 봉분이 있는 것이 특징인데 곡장 뒤의 산 능선이 한 개
가 아님을 확인해야 한다. 제절과 제절 아래 비탈면이 많은 인
작이 가미되었음을 감안하여 풍수적 판단을 해야 한다.

황건·황윤리 묘

소재 주소 : 강원도 춘천시 서면 방동리 산1-1

내비 주소 : 강원도 춘천시 서면 방동리 2-2(재실)

인물 개요 : 본관은 평해이고, 성균관진사행사직을 지냈다. 사직공파파조
이고, 아래쪽에 9~15세 단비가 있다.

풍수 요점 : 계좌 정향.

전체적인 보국이 잘 짜여진 멋진 동네이다. 청풍 김씨 부인 묘
뒤의 개장과 두 묘 사이에 있는 물길이 주요 관점이다. 내백호
능선의 내룡도 힘이 있어 보이므로 주목할 만하다.

 이해 묘

소재 주소 : 강원도 춘천시 서면 금산리 산59
내비 주소 : 강원도 춘천시 서면 금산리 848(북서쪽에 보이는 주택 마당까지
갈 것)
인물 개요 : 본관은 전주이고, 장락원 봉사를 지냈다.
풍수 요점 : 경좌 갑향.
이해 묘 아래 밭에 있는 묘를 보면 능선이 연장된 것을 알 수
있다. 주택의 청룡 쪽 능선을 감안하여 수구를 유추할 수 있
다. 주변 능선의 굽은 형상을 살펴서 정룡을 찾아봐야 한다.

정성익 묘

소재 주소 : 강원도 춘천시 서면 금산리 산57

내비 주소 : 강원도 춘천시 서면 금산리 산57(능선 끝에 묘 3기와 바위가 있
고, 바위 뒤에 선생 묘가 있음.)

인물 개요 : 본관은 광주이고, 시조 정신호의 14세손이다.

풍수 요점 : 임좌 병향.
내룡의 모습이 아주 활기차고 멋진데 묘 앞에는 바위가 있어
기룡혈의 형상이 있다. 주변의 농지가 경지정리된 것을 참고
해서 분석해야 한다.

◈ 길세유 묘

소재 주소 : 강원도 춘천시 서면 금산리 595-1

내비 주소 : 강원도 춘천시 서면 금산리 588(옆 소로를 통해 산으로 올라감.)

인물 개요 : 본관은 해평이고, 통덕랑을 지냈다.

풍수 요점 : 자좌 오향.

외청룡이 앞쪽을 감아 돌며 전체적인 보국이 잘 짜여졌다. 청룡이나 백호의 높이와 비교했을 때 상대적으로 높은 느낌이 들 수 있는데 이것을 감안하여 분석해야 한다.

내려다보는 높이: 781 m 현재각도:

한백록 묘

소재 주소 : 강원도 춘천시 서면 금산리 산 64

내비 주소 : 강원도 춘천시 서면 금산리 1112(재실)

인물 개요 : 본관은 청주이고, 증자헌대부병조판서겸오위도총부부총관 한
백록을 기준으로 아버지 굉(硡)-조부 경인(敬仁)으로 이어지는
가계이다.

풍수 요점 : 임좌 병향.

외관상 청룡과 백호가 튼실해 보이나 내청룡의 끝이 안으로
굽지 않아 원진수가 직거하는 형태로 보여 장풍이 제대로 되
지 않을 수 있다.

◈ 홍일동 묘

소재 주소 : 강원도 춘천시 서면 방동리 산112

내비 주소 : 강원도 춘천시 서면 방동리 896(재실, 재실에서 북서쪽을 보면
묘역 입구에 문인석과 비석 있음.)

인물 개요 : 본관은 남양이고, 자헌대부지중추행이조판서진현관대제학 홍
일동을 기준으로 아버지 상직(尚直)-조부 징(徵)-증조 주(澍)로
이어지는 가계이다.

풍수 요점 : 경좌 갑향.
큰 틀에서 보았을 때 주룡인지 곁가지인지 파악해야 한다. 묘
역의 석축 아래를 보면 다리를 벌린 듯 2개의 지각 흔적이 보
이므로 이를 분석의 실마리로 활용해야 한다.

조여함 묘

소재 주소 : 강원도 춘천시 서면 월송리 산2

내비 주소 : 강원도 춘천시 서면 월송리 55

인물 개요 : 본관은 풍양이고, 행충좌위부사과 조여함을 기준으로 아버지 봉(逢)-조부 원규(元奎)로 이어지는 가계이다.

풍수 요점 : 묘좌 유향.

먼저 청룡이 앞을 막아 주고 다음으로 외백호가 다시 막아 주는 형태로 보국이 잘 짜여졌다. 청룡과 백호의 높이와 형태를 보고 혈의 위치를 가늠해야 한다.

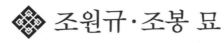 조원규·조봉 묘

소재 주소 : 강원도 춘천시 서면 월송리 산40-1

내비 주소 : 강원도 춘천시 서면 월송리 485-4

인물 개요 : 본관은 풍양이고, 성균진사 조봉을 기준으로 아버지 원규(元奎)로 이어지는 가계이다.

풍수 요점 : 계좌 정향.

용호의 보국이 잘 갖추어진 터이다. 묘로 올라가는 입구의 주택이 수구처가 된다. 조봉의 묘 마당 좌우가 다른 것을 눈여겨봐야 한다.

김정 묘

소재 주소 : 강원도 춘천시 칠전동 619-2

내비 주소 : 강원도 춘천시 칠전동 619-2

인물 개요 : 본관은 광산이고, 고려추성보리공신중대광대호군 김정을 기준으로 아버지 영리(英利)-조부 진(積)-증조 사원(土元)으로 이어지는 가계이다. 묘를 실전하였으나 1768년 14대 후손 김화택이 찾아서 복원했다.

풍수 요점 : 미좌 축향.

칠전택지개발사업으로 주변이 완전히 훼손되어 풍수적 판단이 쉽지 않다. 곡장 뒤의 도로와 뒤쪽 아파트 단지 등을 보면 비룡입수한 곳으로 보인다. 제절 아래 갱진 부분을 자세히 살펴보면 앙와의 흔적이 어렴풋이 보이는 듯하다.

◈ 정정원 묘

소재 주소 : 강원도 춘천시 석사동 산71-1

내비 주소 : 강원도 춘천시 석사동 166(맞은편 주택의 앞 도로를 통해서 올라
감.)

인물 개요 : 본관은 광주이고, 증가선대부동지중추부사를 지냈다.

풍수 요점 : 미좌 축향.

현재는 자작나무 숲으로 지형이 많이 변형된 곳이다. 상하로
3기의 묘가 있다. 묘의 배치를 보면 백호 형태로 능선이 굽어
있으니 이를 참고로 혈의 위치를 가늠해야 한다.

고성 이씨 묘, 조안평 묘

소재 주소 : 강원도 춘천시 석사동 721-3

내비 주소 : 강원도 춘천시 석사동 721-3

인물 개요 : 본관은 풍양이고, 고성 이씨는 회양공 조신의 배위이다. 승의
랑공조좌랑 조안평을 기준으로 아버지 신(愼)-조부 염휘(炎暉)
로 이어지는 가계이다(조신의 묘는 멀리 떨어진 충남 부여군 장암
면 점상리 168-1).

풍수 요점 : 계좌 정향.

주변이 아파트 단지로 개발되어 풍수적 분석이 쉽지 않다. 위
성 사진을 보면 북동방에서 내려온 용맥이 분맥 또는 횡룡입
수 형태로 방향을 남쪽으로 바꾸며 입수하였고, 앞쪽의 산세
가 묘 있는 곳을 둘러싸는 모습을 볼 수 있다.

✦ 춘천향교

소재 주소 : 강원도 춘천시 교동 27-1

내비 주소 : 강원도 춘천시 교동 27-1

건물 개요 : 건축 연도는 알려져 있지 않다. 임진왜란 때 소실된 것을 1594
년(선조 27년) 부사 서인원(徐仁元)이 중건했다. 동재와 서재의
출입문이 바깥쪽으로 되어 있는 특이한 향교이다. 1985년 1월
17일 시도유형문화재 제98호로 지정되었다.

풍수 요점 : 자좌 오향.

대성전 뒤에서 보면 능선의 형체가 어렴풋이 보이고 명륜당
옆에서 보면 백호가 높아 보이나 청룡은 없으니 이 점을 고려
하여 판단해야 한다.

이광진 묘

소재 주소 : 강원도 춘천시 남산면 수동리 576

내비 주소 : 강원도 춘천시 남산면 수동리 578

인물 개요 : 본관은 성주이고, 성균생원증동몽교관조봉대부를 지냈다.

풍수 요점 : 진좌 술향.

도로와 밭이 만들어지면서 산 능선이 뭉개져 용의 생사를 확
인하기는 쉽지 않다. 주변 산들이 잘 둘러싸고 있는 봉우리가
만들어졌으니 돌혈일까?

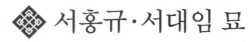# 서홍규 · 서대임 묘

소재 주소 : 강원도 춘천시 남산면 광판리 산66

내비 주소 : 강원 홍천군 북방면 구만리 697(개울 건너 산에 묘가 있고, 묘가 있는 능선에서 춘천시와 홍천군의 행정 구역이 나뉨.)

인물 개요 : 본관은 이천이고, 가선대부동지중추부사를 지냈다.

풍수 요점 : 인좌 신향.

주변 사격이 없어 장풍의 조건이 갖추어지기 쉽지 않은 터인데, 능선에 올라 보면 낙타의 등처럼 두 개의 봉우리가 있는 특이한 형상이다. 형국론에서는 큰 용이 물을 마시려고 내려오는 형국이라고 이름 붙일 듯하다.

이원·이서구 묘

소재 주소 : 강원도 춘천시 남면 박암리 산90-11

내비 주소 : 강원도 춘천시 남면 박암리 493-8

인물 개요 : 본관은 전주이고, 한성부판윤평안도관찰사형조판서우의정판
중추부사 이서구를 기준으로 아버지 원(遠)-조부 언소(彦燿)-
증조 완(梡)으로 이어지는 가계이다.

풍수 요점 : 묘좌 유향.
백호는 튼실하지만 청룡이 없다는 느낌이 들 정도로 멀리 있
다. 앞에는 홍천강이 흐르고 있음을 감안하여 장풍을 판단해
야 한다.

태백

'섬룡입수(閃龍入首)'는 용진처 부근 봉우리에 바람이 부는 지형일 때 그 봉우리에 혈이 결지되지 않고 마지막으로 낮아지기 전에 앞에 만들어진 봉우리를 바람막이 방패로 삼아 혈이 결지되는 것이다.

숙부인 황씨 묘

소재 주소 : 강원도 태백시 황지동 273-223

내비 주소 : 강원도 태백시 황지동 273

인물 개요 : 본관은 평해이다. 묘 근처에 철조망이 쳐져 있어 접근이 쉽지
않다.

풍수 요점 : 유좌 묘향.

예전에는 앞쪽 주차장에 연못이 있었다고 하니 감안하고, 묘
마당의 높낮이를 살펴 정밀한 분석이 필요하다.

◈ 장명사

소재 주소 : 강원도 태백시 장성동 228-1

내비 주소 : 강원도 태백시 장성동 228-1

건물 개요 : 탄광산업재해순직자 추모 사찰이다. 17세기 중엽에 제작된 것
으로 추정되는 목불좌상은 강원도 유형문화재 제144호이다.
100년 이상 된 아름드리 금강 소나무 군락 안에 위치하고 토지
는 국유, 건물은 광업공사 소유이다.

풍수 요점 : 건좌 손향(대웅전).
대웅전 뒤 내룡의 개장 흔적이 반듯하고, 절 앞 소나무 있는 곳
에 용호의 흔적이 있으므로 이를 판단의 자료로 활용할 수 있
을 것이다.

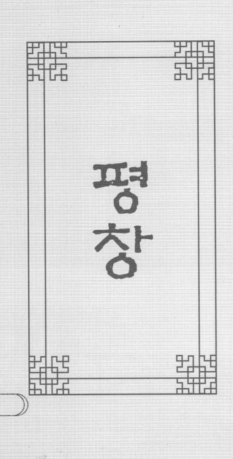

평창

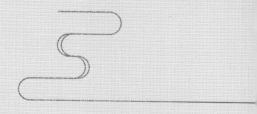

'비룡입수(飛龍入首)'는 용진처 부근에 이르러 용이 낮아진 다음 다시 올라
가서 만들어진 봉우리에 혈이 결지되는 것이다. 이런 혈을 '돌혈(突穴)'이
라고 하는데 볼록한 곳에 혈이 위치하기 위해서는 반드시 주변 산들이 잘
둘러싸 장풍의 조건이 갖추어져야 한다.

월정사 적멸보궁

소재 주소 : 강원도 평창군 진부면 동산리 산1

내비 주소 : 강원도 평창군 진부면 동산리 308-9

건물 개요 : 신라 시대 자장율사가 당나라에서 가져온 부처의 사리와 정골(頂骨)을 나누어 봉안한 5대 적멸보궁 중 한 곳이다. 상원사에서 북서쪽으로 직선거리 800m에 있다. 1971년 12월 16일 강원도 유형문화재 제28호로 지정되었다.

풍수 요점 : 건좌 손향.

오대산 비로봉에서 내려온 용맥이 과협 후 치고 올라온 다음 두 갈래로 갈라지는 지점에 적멸보궁이 위치한다. 두 능선은 각기 800m 이상을 내려가서야 용진처가 되므로 과룡처인지 장지중요혈인지 판단해야 한다.

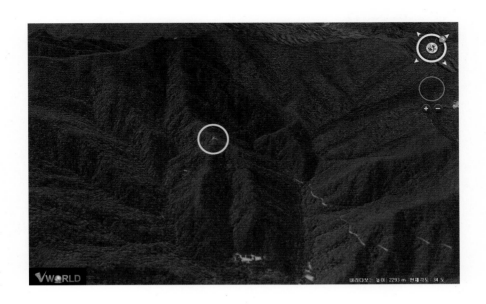

 월정사

소재 주소 : 강원도 평창군 진부면 동산리 63-1

내비 주소 : 강원도 평창군 진부면 동산리 63-1

건물 개요 : 643년에 자장이 건립하고 1307년과 1833년 각각 화재로 소실
되었다가 중건했다. 6.25전쟁이 한창이던 1951년에도 건물 대
부분이 불에 탔으나 1964년 이후 중건했다. 대한불교조계종
제4교구의 본사이다.

풍수 요점 : 자좌 오향(적광전).

내룡은 동대산에서 내려오고 오대천이 앞에서 환포해서 적광
전 뒤 내룡의 용진처가 만들어졌다. 그러나 절터를 만드는 과
정에서 생긴 지형 변화로 정확한 혈 위치를 판단하는 것은 쉽
지 않다.

오대산 사고

소재 주소 : 강원도 평창군 진부면 동산리 산1

내비 주소 : 강원도 평창군 진부면 동산리 산1(월정사에서 약 3km 거리)

건물 개요 : 『조선왕조실록』과 조선 왕실의 족보인 『선원보략』을 보관하던
사고(史庫)가 있던 자리다. 1606년(선조 39년) 풍수적으로 길
지라는 판단 하에 건립되었으나 6·25전쟁 때 사각과 선원보각
등의 건물이 소실되어 1992년에 복원했다.

풍수 요점 : 해좌 사향.
큰 계곡의 중간쯤에 있어 얼핏 보면 혈과는 거리가 멀게 보인
다. 그러나 선원보각 뒤에 능선이 있고, 청룡 쪽에서 내려온
능선이 백호 쪽으로 흐르는 물길까지 이어진 흔적이 있으므로
정밀한 분석이 필요하다.

 김흡·김종구·김한 묘

소재 주소 : 강원도 평창군 봉평면 원길리 산150

내비 주소 : 강원도 평창군 봉평면 원길리 447-1

인물 개요 : 본관은 경주이고, 김종구를 기준으로 아버지 택영-조부 황-증조 원우-고조 흡으로 이어지는 가계이다.

풍수 요점 : 자좌 오향.

상하로 몇 기의 묘가 있다. 내룡이 맨 위 묘에서는 급하게 뚝 떨어지나 아래쪽에서는 평평하게 안정을 찾는다. 얼핏 보면 수구가 열린 듯하니 세심한 관찰이 필요하고 육후처도 확인해야 한다.

대하리 전통가옥

소재 주소 : 강원도 평창군 평창읍 대하리 142

내비 주소 : 강원도 평창군 평창읍 대하리 141

건물 개요 : 정확한 건축 연대는 알 수 없고 13대를 물려받아 살고 있다고
　　　　　　 전해진다. 지붕 용마루 끝의 암막새에 도광 을유(道光 乙酉, 조
　　　　　　 선 순조 25년, 1825년)라는 명(銘)이 새겨져 있어 역사를 알 수
　　　　　　 있다. 2001년 1월 22일 문화재자료 제128호로 지정되었다.

풍수 요점 : 진좌 술향.
　　　　　　 평창강이 휘감아 돌아가는 마을에 있고, 앞쪽은 백호 능선이
　　　　　　 충분히 이어져 장풍에 문제가 없어 보인다. 집 뒤 능선은 남서
　　　　　　 쪽 방향으로 내려오는데 건물의 방향은 북서쪽이므로 횡룡입
　　　　　　 수를 확인해야 한다.

 # 평창향교

소재 주소 : 강원도 평창군 평창읍 하리 204

내비 주소 : 강원도 평창군 평창읍 하리 205-10

건물 개요 : 1658년(효종 9년) 창건했고, 1729년(영조 5년)에 중수했다.
1985년 1월 지방유형문화재 제101호로 지정되었다.

풍수 요점 : 자좌 오향.
향교 뒤에 내룡의 모습은 확연하지만 장풍이 되는 터인지 확
인하기 위해 눈에 보이는 청룡, 백호를 감안하여 수구를 찾아
야 한다.

대관령 성황사 및 산신당

소재 주소 : 강원도 평창군 대관령면 횡계리 14-256

내비 주소 : 강원도 평창군 대관령면 횡계리 14-254

건물 개요 : 1967년 1월 16일 국가 무형문화재 제13호로 지정되었고, 2005
년 11월 25일 '인류 무형 문화유산 대표 목록'으로 등재된 강릉
단오제와 밀접한 관련이 있다. 매년 음력 4월 15일 민정관이
제향을 올리고, 강릉의 국사 여성황사에 합사할 단풍나무 신
목을 모시고 가는 곳이다.

풍수 요점 : 자좌 오향.

대관령 정상에서 북쪽으로 약 1㎞ 떨어진 곳에 위치한 높은 곳
이다. 주변이 산으로 둘러싸여 보국이 잘 갖추어졌으니 내룡
과 합수를 잘 확인한다면 혈을 찾을 수 있다.

김충각·김지맹 묘

소재 주소 : 강원도 평창군 대관령면 횡계리 산347-1

내비 주소 : 강원도 평창군 대관령면 횡계리 581-39

인물 개요 : 본관은 강릉이고, 통훈대부행선공감역도원찰방사헌부감찰장
홍고직장 김충각을 기준으로 아버지 덕장(德璋)-조 창수(昌壽)-
증조 준손(俊孫)으로 이어지는 가계이다.

풍수 요점 : 술좌 진향.

아래에서 볼 때와 달리 현장에 가면 능선의 폭이 넓다. 얼핏
보면 섬룡입수 자리처럼 보이지만 자세히 보면 양옆으로 작지
않은 능선이 생겨 있으니 이를 참고하여 분석해야 한다.

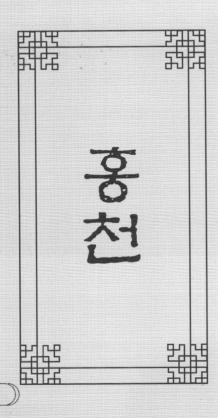

홍천

혈이 결지된 주변의 지형을 보고 젖가슴 형태의 유혈(乳穴), 가마솥을 엎어 놓은 듯한 형상의 돌혈(突穴), 연탄집게 형태의 겸혈(鉗穴), 새 둥지 모양의 와혈(窩穴)로 구분하지만, 지형이 변형된 현재의 모습을 보고 판단하는 것일 뿐 모든 혈은 능선에 있는 것이다.

홍천향교

소재 주소 : 강원도 홍천군 홍천읍 희망리 174

내비 주소 : 강원도 홍천군 홍천읍 희망리 172-4

건물 개요 : 홍천군 두촌면 철정에서 창건했다는 설이 있고, 1560년 화촌면 내삼포리-1595년 홍천읍 희망2리를 거쳐 1635년 현재 위치로 이전했다. 1985년 1월 17일 강원도 문화재자료 제99호로 지정되었다.

풍수 요점 : 임좌 병향.

홍천중학교와 홍천군청이 각각 청룡과 백호의 역할을 충분히 하는지 분석하고, 현무봉 주맥도 살펴볼 가치가 있다.

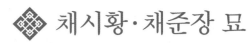 채시황·채준장 묘

소재 주소 : 강원도 홍천군 내촌면 물걸리 산132-3

내비 주소 : 강원도 홍천군 내촌면 물걸리 344

인물 개요 : 본관은 평강이고, 과의교위를 지냈다.

풍수 요점 : 계좌 정향.

묘역 전후의 능선이 어떤 형세인지, 보국이 갖추어졌는지 살

펴서 혈의 유무를 판단해야 한다.

 수타사

소재 주소 : 강원도 홍천군 동면 덕치리 9

내비 주소 : 강원도 홍천군 동면 덕치리 19

건물 개요 : 708년(성덕왕 7년)에 창건했고, 1457년(세조 3년)에 현 위치로 옮기면서 수타사(水墮寺)라 개칭했다. 임진왜란 때 소실되었고 1636년(인조 14년) 중창했다. 대한불교조계종 제4교구 본사인 월정사의 말사이다.

풍수 요점 : 묘좌 유향(대적광전).

덕치천이 공배수로 수전현무했는데 중앙연못, 수생식물원 등으로 조성된 곳이 자연 물길이었음을 감안하여 풍수적 분석을 해야 한다.

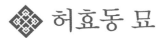 # 허효동 묘

소재 주소 : 강원도 홍천군 동면 성수리 산15

내비 주소 : 강원도 홍천군 동면 성수리 531-1

인물 개요 : 본관은 김해이고, 어매장군행용양위 허효동을 기준으로 아버지 희온(希溫)-조부 지(誌)-증조 수(銖)로 이어지는 가계이다.

풍수 요점 : 건좌 손향.

멀리 들판과 건넛마을까지 보이는 것을 감안하여 장풍이 되는지 판단해야 한다.

정상철 묘

소재 주소 : 강원도 홍천군 동면 속초리 산192-1

내비 주소 : 강원도 홍천군 동면 속초리 749

인물 개요 : 본관은 연일이고, 통정대부를 지냈다.

풍수 요점 : 건좌 손향.

묘가 있는 곳은 능선의 끝자락처럼 보이지만 상대적으로 높아 마땅한 청룡과 백호를 찾기가 어렵다. 재실 뒤로 두 개의 능선이 보이는데 거기에 합곡혈이 생기면 어떨까?

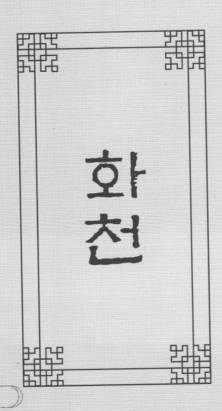

화천

혈의 크기에 대해서『지리인자수지』는 '천리래룡(千里來龍)이 팔척(八尺)의 혈을 융결하여 생기를 시신에 주입시키는 것'이라고 설명한다. 실제로 혈의 길이는 약 2.5m, 폭은 1.8m인 계란 모양의 타원형 면적으로 환산하면 1평 정도이다.

🔶 화천향교

소재 주소 : 강원도 화천군 화천읍 하리 108

내비 주소 : 강원도 화천군 화천읍 하리 108

건물 개요 : 창건 시기는 알 수 없으며, 6.25전쟁 중 모든 건물이 소실되어 1960년에 다시 건축했다.

풍수 요점 : 임좌 병향.

멀리 북한강이 보일 정도로 높은 지대에 위치하므로 장풍이 될 것인지 판단하는 것이 가장 중요하다.

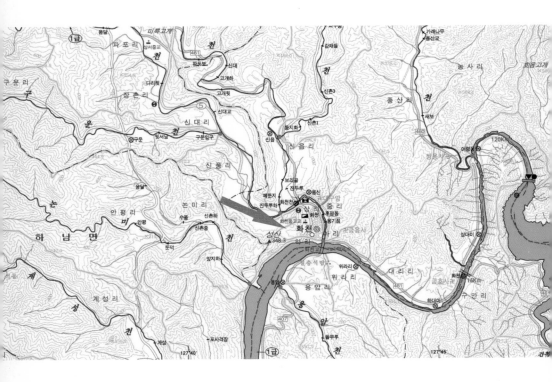

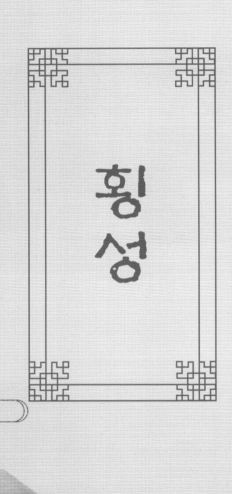

횡성

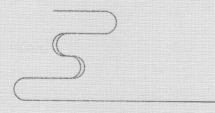

한 개의 능선에 상하로 혈이 결지되는 것을 '연주혈(連珠穴)'이라 하고, 나란히 내려온 다른 능선에 각각 혈이 만들어지는 것을 '쌍유혈(雙乳穴)'이라 한다. 연주혈은 외형상으로는 틀림없이 한 개의 능선인데 그 속에서 각각의 지맥이 나누어지고 혈이 결지되는 것이다.

풍수원성당

소재 주소 : 강원도 횡성군 서원면 유현리 1097

내비 주소 : 강원도 횡성군 서원면 유현리 1070-3

건물 개요 : 1890년(고종 27년) 1대 신부였던 프랑스인 르메르 신부가 초가
20칸의 본당을 창설했고, 2대 정규하 신부가 1907년 현재의
본당을 건축했다.

풍수 요점 : 갑좌 경향.

계곡을 따라 깊이 안쪽으로 들어와 적당한 공간이 생긴 곳에
자리 잡았다. 백호가 잘 감싸 주어 아래쪽 바람을 막아 주고
외청룡에서 내려온 능선이 앞바람을 막아 주는 지형이니 혈처
를 가늠해야 한다.

◈ 허위 묘

소재 주소 : 강원도 횡성군 서원면 유현리 산126-1

내비 주소 : 강원도 횡성군 서원면 유현리 산126-3

인물 개요 : 본관은 김해이고, 통덕랑 허위를 기준으로 아버지 성길(成吉)-
조부 림(林)으로 이어지는 가계이다.

풍수 요점 : 자좌 오향.

고갯마루 부근에 있지만 청룡과 백호가 겹겹이 싸고 있어 장
풍에는 문제가 없을 듯하다. 능선의 중간 부분에 묘가 있으니
장지중요혈인지 분석할 필요가 있다.

허박 묘

소재 주소 : 강원도 횡성군 갑천면 전촌리 산26

내비 주소 : 강원도 횡성군 갑천면 전촌리 46

인물 개요 : 본관은 김해이고, 가선대부동지중추부사행고령첨사 허박을
기준으로 아버지 순(巡)-조부 결(潔)-증조 전(筌)-고조 세형(世
亨)으로 이어지는 가계이다.

풍수 요점 : 인좌 신향.

청룡이 끝에서 약간 등을 돌린 듯하지만 보국도 어느 정도는
갖추어져 있고, 내룡은 기복과 위이가 활발한 생룡의 형상이
다. 납골묘 앞 용진처가 좌선처럼 굽어 있으니 혈의 위치를 가
늠해야 한다.

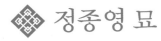 정종영 묘

소재 주소 : 강원도 횡성군 공근면 공근리 산18

내비 주소 : 강원도 횡성군 공근면 공근리 427-1

인물 개요 : 본관은 초계이고, 숭정대부의정부우찬성겸판의금부사지경연
춘추관사오위도총부도총관 정종영을 기준으로 아버지 숙(淑)-
조부 윤겸(允謙)-증조 온(溫)으로 이어지는 가계이다.

풍수 요점 : 자좌 오향.
내룡은 크게 기복을 하며 행도하는데 묘 뒤에서 과협을 한다.
앞에서는 두 갈래로 나뉘는 본래의 지형이 잘 보이므로 이를
바탕으로 혈을 찾아야 한다.

 # 봉복사

소재 주소 : 강원도 횡성군 청일면 신대리 138-1

내비 주소 : 강원도 횡성군 청일면 신대리 137

건물 개요 : 신라 선덕여왕 때인 647년에 자장율사가 창건했다는 기록이
있다. 669년 화재로 소실되어 671년에 원효가 중건했다. 대한
불교조계종 제4교구 본사 월정사의 말사이다.

풍수 요점 : 자좌 오향.
나름 보국이 갖추어진 듯한데 백호의 길이가 조금 짧다. 대웅
전 뒤에 보이는 두 능선 사이의 물길이 어디로 흘렀을까 판단
해야 한다.

❖ 조충 묘

소재 주소 : 강원도 횡성군 횡성읍 정암리 산207-1

내비 주소 : 강원도 횡성군 횡성읍 정암리 558

인물 개요 : 본관은 횡성(횡천)이고, 금자광록대부수태위문하시랑동중서
문하시중평장사상장군수문전태학사수국사판례부사 조충을
기준으로 아버지 영인(永仁)-조부 시언(時彦)-중조 정신(正臣)
으로 이어지는 가계이다.

풍수 요점 : 곤좌 간향.
묘가 있는 곳에서 앞쪽 능선이 끝나는 지점까지 직선거리로
약 280m 정도인데 기룡혈, 장지중요혈, 과룡처 중에서 어디에
해당하는지 판단해야 한다.

고형산 묘

소재 주소 : 강원도 횡성군 횡성읍 정암리 산207-1

내비 주소 : 강원도 횡성군 횡성읍 정암리 559

인물 개요 : 본관은 횡성이고, 숭정대부의정부좌찬성 고형산을 기준으로
아버지 사신(思信)-조부 습(襲)으로 이어지는 가계이다.

풍수 요점 : 신좌 인향.

조충 묘가 있는 능선의 용진처로 보이는 곳이다. 능선의 끝이
청룡방으로 돌아간 점과 마을 앞 생운천이 반배한 점 등을 참
고해서 분석해야 한다.

횡성향교

소재 주소 : 강원도 횡성군 횡성읍 읍상리 128

내비 주소 : 강원도 횡성군 횡성읍 읍상리 128

건물 개요 : 횡성향교는 조선 태조 때 창건했다고 전해지나, 여러 차례 옮 기다가 1647년(인조 25년) 현재의 자리에 대성전을 상량했다. 1985년 1월 17일 강원도 문화재자료 제100호로 지정되었다.

풍수 요점 : 자좌 오향.

뒤쪽을 보면 내룡이 확연하고 입구에서 보면 용진처가 되었음 을 알 수 있다. 주변 지형이 많이 훼손되었어도 청룡과 백호가 보여 나름 분석이 쉬운 터이다.

고휴 묘

소재 주소 : 강원도 횡성군 횡성읍 궁천리 산9

내비 주소 : 강원도 횡성군 횡성읍 궁천리 86

인물 개요 : 본관은 횡성이고, 개국원종공신가선대부행병마절도사를 지냈
다.

풍수 요점 : 손좌 건향.

청룡과 백호가 있어 측면 바람은 염려를 하지 않아도 될 듯하
지만 제절을 넓힌 것을 참고해야 한다. 물이 내려갈 계단 부분
을 살펴서 전면 바람을 막아 줄 조산과 안산이 있었는지 판단
해야 한다.

◈ 원황 묘

소재 주소 : 강원도 횡성군 횡성읍 갈풍리 산10-1

내비 주소 : 강원도 횡성군 횡성읍 갈풍리 30-8

인물 개요 : 본관은 원주이고, 증순충보조공신이조판서대제학 원황을 기준으로 아버지 헌(憲)-조부 방보(方甫)-증조 광명(廣明)-고조 홍필(弘弼)로 이어지는 가계이다.

풍수 요점 : 유좌 묘향(비석에는 신좌 을향), 부인 묘는 술좌 진향.

큰 틀에서 보면 보국이 아주 좋은데 원황의 묘와 부인의 묘가 좌향이 다른 것은 능선이 굽었다는 것을 의미한다. 이 점을 참고로 묘 옆에 석축이 짧아진 이유를 유추해야 한다.

풍수 유적 답사기

감여(堪輿)의 비밀을 찾아서

초판 1쇄 찍은날 2019년 4월 25일
초판 1쇄 펴낸날 2019년 5월 3일

글 정석풍수연구학회
펴낸이 서경석
편집 김진영 | **디자인** 최진실
마케팅 서기원 | **영업, 관리** 서지혜, 이문영

펴낸곳 청어람M&B
출판등록 2009년 4월 8일(제313-2009-68)
주소 경기도 부천시 부일로483번길 40 (14640)
전화 032)656-4452
팩스 032)656-9496

ISBN 979-11-86419-52-6
       979-11-86419-51-9(세트)

이 도서의 국립중앙도서관 출판예정도서목록(CIP)은 서지정보유통지원시스템 홈페이지(http://
seoji.nl.go.kr)와 국가자료공동목록시스템(http://www.nl.go.kr/kolisnet)에서 이용하실 수
있습니다.(CIP제어번호: CIP2019012860)